本书的出版得到了重庆大学创新能力提升项目"跨行政区协同发展与集中连片贫困区治理研究"（项目号：2019CDSKXYGG0043）与重庆大学人文社科科研基地与平台建设创新研究"加快建设创新型国家背景下地方政府公共服务体系完善与优化研究"（项目号：2019CDJSK01PT02）的资助。

|国家治理青年研究系列|

中国的地方财政体制与治理

China's Subnational Fiscal System and Local Governance

游 宇 ____ 著

图书在版编目（CIP）数据

中国的地方财政体制与治理 / 游宇著. —北京：中央编译出版社，2020.9

ISBN 978-7-5117-3713-7

Ⅰ.①中… Ⅱ.①游… Ⅲ.①地方财政-财政管理体制-研究-中国 Ⅳ.①F812.7

中国版本图书馆 CIP 数据核字（2020）第157499号

中国的地方财政体制与治理

责任编辑	李南男
责任印制	刘 慧
出版发行	中央编译出版社
地　　址	北京西城区车公庄大街乙5号鸿儒大厦B座（100044）
电　　话	（010）52612345（总编室）　　（010）52612341（编辑室） （010）52612316（发行）　　（010）52612369（网站）
传　　真	（010）66515838
经　　销	全国新华书店
印　　刷	北京中兴印刷有限公司
开　　本	710毫米×1000毫米　1/16
字　　数	185千字
印　　张	12.5
版　　次	2020年9月第1版
印　　次	2020年9月第1次印刷
定　　价	66.00元

新浪微博：@中央编译出版社　　　微　信：中央编译出版社（ID：cctphome）
淘宝店铺：中央编译出版社直销店（http://shop108367160.taobao.com）　（010）52612322

本社常年法律顾问：北京市吴栾赵阎律师事务所律师　闫军　梁勤
凡有印装质量问题，本社负责调换，电话：（010）52612322

序　言

自从我 2016 年底从厦大公共事务学院退休到民办高校三亚学院任教以来，游宇就不断给我带来学术事业上的惊喜和快乐。先是他的博士论文被评为福建省优秀博士论文，然后是他与合作者（包括我的学生庄玉乙、黄一凡，以及复旦大学的王正绪教授等）的论文相继在高水平中英文期刊上发表，再后是今年他的博士论文获得首届王惠岩政治学优秀博士论文奖，最后是他在博士论文基础上，即将以《中国的地方财政体制与治理》为题出版专著。

游宇是我在 2013—2016 年任教于厦门大学公共事务学院时指导的博士研究生。在厦大，同我以前在南开任教一样，遇到优秀学生的概率相当高。这自然同厦大学术地位有关，与厦大公共事务学院师资总体水平较高有关。游宇本科、硕士和博士都在厦大学习，他的硕士生导师雷艳红教授拥有政治学（北京大学）和历史学（厦门大学）两个博士学位，热爱学术，关怀学生。跟随雷老师念书的硕士生和本科生在学术上多有出息。游宇硕士毕业后，从"雷门"转到我的门下，苦读三年，在发表多篇高质量的学术论文的同时，完成了他的博士论文。至今我仍然清晰地记得，游宇和我以及我带的其他的研究生，包括上面提到的玉乙、一凡以及吴进进、孔卫拿一起切磋学术的情景。我想，游宇应该和我一样，充满了对厦大和厦大公共事务学院的感激之情，尤其在他出版自己在那里完成的博士论文之时。

游宇的博士论文的主题，是我和我的研究团队多年来关心的题目。我们重视政府间关系对中国的财政分配的影响问题，是因为它为我们解释中国改革开放成功提供了一个重要的视角。游宇的博士论文，主要从财政资源在省级和省以下各级政府之间的配置的视角对地方治理绩效的影响展开研究。游宇对其中涉及的因果链条所作的理论阐述和实证验证，除了与经典的"财政联邦主义"理论对话外，更尝试从"功能性联邦主义"视角来解释中国地方治理的成效。

美国学者彼得森（Paul Peterson）在《联邦主义的代价》一书中提出"功能性联邦主义"的理想模型。在这个模型中，强调构建一个与市场经济高度相容的政府间财政关系，在收入端，把税基广、流动性强的税种交由中央政府征收并支配，把税基相对比较窄、流动性不强的税种交由地方政府征收并支配；在支出端，社会保障性的再分配功能主要由中央政府承担，经济发展相关支出主要由地方政府执行。构建这种中央与地方的财政收支分工的理由是：在收入端中央政府统一征收税基广、流动性强的收入具有规模经济和效率；税基窄、流动性弱的收入，由贴近当地民众的地方政府征收则比较易于克服信息不对称的问题。在支出功能分配上，中央政府承担社会保障的再分配功能，可以避免地方政府为避免成为福利"磁铁"而纷纷向最低福利支出看齐（run to the bottom），保证劳动力不至于因社会福利保障无法跨地区移动而难以流动；地方政府为了吸引劳动力流入和财政收入增加，应当努力改进本地经济基础和人力资本，地方政府承担发展性支出使它们处于互相竞争的局面。

上述理论主要基于美国战后形成的政府间财政关系。在该体制下，联邦政府依靠所得税、州政府依靠消费税、地方政府依靠财产税，联邦政府负责普惠性的国民退休养老保障计划以及"资格核查型"（means testing）的医疗健康保障项目，地方政府负责公立 K-12（从小学到高中）免费教育，州政府负责补贴州立大学。在彼得森看来，这一实践基本符合功能性联邦主义。

考察中国，在计划经济时代，财政收入主要来自国有企业的利润上缴，而上缴利润归属，则主要由企业主管部门归属的政府层级而定：央属企业上缴收入归中央财政，省属企业收入归省级政府，其余类推。从1978年到1994年分税制改革，在没有改变财政收入按企业主管部门的行政级别分配的做法的状态下，引入了财政包干制度：各省级行政区按照一定的分成比例，向中央政府上缴财政收入，或接受中央政府的财政补助；分成规则保持3—5年不变。这一政府间财政关系安排虽然极大地激发了地方通过发展经济增加财政收入的积极性，但最终导致"两个比例"（中央财政收入占财政总收入比例，与财政收入占GDP比例）大幅度降低的结果。改革开放以来兴起的乡镇企业、私人企业以及个体户管理部门均为县级，所产生的税收均为地方收入，这是构成中央财政收入占比急剧下降的一个重要原因。

1994年分税制改革彻底改变了中国的政府间财政关系。首先，中央与地方按税种分配收入，税基广、流动性极强的消费税归中央所有，同样宽税基、易流动的增值税、所得税成为由中央征收的央地共享税，地方专享税仅有营业税以及一些小税种。可以说，1994年分税制改革使我国的政府间财政关系在收入端迈开了一大步。但是，分税制改革在支出端并没有大动作，中央与地方政府仍旧按照职责同构的方式分配支出责任。而且，邓小平南方谈话后，竞争性产业全面退出财政，以后中央财政直接介入央企的现象不复存在；与此同时，伴随着国有企业改革进行的职工福利保障社会化，按照企业属地原则进行，各地方政府承担了运作本地的社会保障项目的责任。在财政支出的政府间关系分配上，中央比重进一步降低，而地方比重不断增大。

现在回过头来看，20世纪90年代的遍及财政、银行、国企、社保、住房、高教等领域的改革，奠定了新世纪繁荣的基础。就财政而言，虽然具有再分配功能的职工养老、医疗保障是由地方政府执行，而非由中央政府执行，但考虑到90年代中叶中央财政的困难，职工社会保障社会化的脱单位化、社会化于中国而言是前无古人的新生事物的事实，90年代的财政和社保改革赋予地方政府承担社保运作的职责也是可以理解的。在2003—2012年期间，在取消农业税之后，广大城乡居民开始被纳入社会化社保体系，地方政府愈发依赖土地财政收入。2013年以来，中央政府连续出台调整政府间财政关系的文件，并尝试重构、优化政府间财政关系。土地财政和社保体制改革成为我国政府攻坚的重点和难点。我认为，我国应当尽快实现城镇职工养老保险的全国统筹，并以重新划分中央与地方税收或开征房地产税等形式，赋予地方政府稳定的、与实则相匹配的收入，以此替代国有土地出让金收入。

最后，在撰写序言的过程中，我也重温了我指导游宇完成博士论文的过程：学生高度自觉，研究层层递进深入，准时完成；教师指导胜任愉快，教学相长，步步收获。对于当教师的我来说，游宇属于一心向学、心无旁骛，可遇而不可求的优秀学生。现在，他已经成长为有一定影响力的青年政治学者。我相信游宇将以此为学术奋进的新的起点，做出更多优秀的学术成果。

张 光

2019年10月25日于三亚学院

目录
Contents

第一章 导 论 …………………………………………………………… 1
 一、分税制以来的中央与地方财政关系:一项未尽的改革 …… 1
 二、问题的提出 ………………………………………………… 5
 三、本书结构 …………………………………………………… 12

第二章 研究设计 ……………………………………………………… 14
 一、分析层次 …………………………………………………… 14
 二、分析路径:混合研究设计 ………………………………… 16
 三、基本资料来源 ……………………………………………… 21

第三章 文献与制度梳理 ……………………………………………… 22
 一、治理及其内涵 ……………………………………………… 22
 二、关于财政分权与支出分类 ………………………………… 34
 三、次国家财力分布的省际差异及其影响 …………………… 48

第四章 省以下财政体制与地方治理绩效 …………………………… 66
 一、研究假设 …………………………………………………… 66
 二、变量描述 …………………………………………………… 73
 三、实证结果与分析 …………………………………………… 82

1

四、初步结论 ··· 87

第五章　案例分析 ·· 90
　　一、案例选择 ··· 90
　　二、浙江：财政分权、民营经济与地方治理 ············· 101
　　三、四川：转移支付与社会发展 ·························· 117
　　四、重庆：地方发展型政府的扩大化样本 ··············· 132

第六章　结论、讨论与政策建议 ································ 143

附录1　财税改革主要文件概要 ·································· 149
附录2　政府工作报告关于转移支付的论述，1994—2015年 ······ 152

参考文献 ·· 154

后　记 ·· 182

图表目录

图 1-1 中央与地方占公共财政收入的比重（1978—2013 年） …………… 3
图 1-2 中央与地方占全国财政支出比重和财政支出增速
（1978—2013 年） …………… 6
图 1-3 省以下与市级、县级财政支出分权 …………… 7
图 2-1 中国的中央与地方结构 …………… 16
图 2-2 嵌入式分析流程概要 …………… 18
图 2-3 解释性研究的典型示例 …………… 19
图 2-4 分析框架与研究流程 …………… 20
图 3-1 理解治理的两大维度 …………… 26
图 3-2 地方治理绩效（1997—2009 年） …………… 33
图 3-3 联邦制国家的类型学 …………… 36
图 3-4 中央对地方转移支付和税收返还占 GDP 比重
（1994—2014 年） …………… 60
图 3-5 中央对地方转移支付和税收返还占总规模比重
（1994—2014 年） …………… 60
图 4-1 发展性与再分配支出比重（1997—2009 年） …………… 71
图 4-2 各地区地方治理绩效Ⅰ（1997—2009 年） …………… 73
图 4-3 各地区地方治理绩效Ⅱ（1997—2009 年） …………… 74
图 4-4 省以下财政支出分权（1997—2009 年） …………… 77

图 5-1	浙江省三大产业比重（1978—2014 年）	103
图 5-2	浙江地方治理绩效相关构成指数（1997—2009 年）	103
图 5-3	浙江省以下收入与支出分权（1997—2009 年）	104
图 5-4	全国私营企业发展基本情况（1990—2008 年）	106
图 5-5	浙江省各级财政收入比重（2001—2005 年）	114
图 5-6	四川的财政收支与转移支付依赖度	120
图 5-7	重庆与全国的经济增速比较（2003—2014 年）	135

表 3-1	关于治理内涵的文献梳理	23
表 3-2	测量地方治理绩效的"结构—过程"维度	30
表 3-3	联邦主义的功能理论	43
表 3-4	税收权力的代表性分配	45
表 3-5	支出责任的代表性分配	47
表 3-6	1988—1993 年财政包干体制	49
表 3-7	地方政府资金来源的分类	52
表 3-8	各省省级税收分成概况	54
表 3-9	各类转移支付规模确定及测算办法	62
表 3-10	转移支付宏观设计的原则与范例	64
表 4-1	政府层级与财政支出职能	70
表 4-2	地区内部的财政分权	75
表 4-3	各地区省以下财政支出分权描述性统计	76
表 4-4	政府支出分类：美国与中国	78
表 4-5	各地区功能性支出比重（1999—2009 年）	79
表 4-6	变量与操作化	81
表 4-7	省以下财政分权与地方治理（1997—2009 年）	82
表 4-8	功能性支出与地方治理（1997—2009 年）	84
表 5-1	个案与跨案例研究设计的一般性比较	92
表 5-2	大样本分析中的案例类型及其主要作用	94

表 5-3	基于回归的案例选择模型	97
表 5-4	基于案例选择模型的地区残差汇总	98
表 5-5	关于省以下财政支出与收入分权的类型学	99
表 5-6	地方固定资产投资比重中的潜在的路径影响型案例	100
表 5-7	案例选择方法与研究目的	101
表 5-8	工业私营部门股份制企业占全国工业增加值规模估算（1998年、2001年、2005年）	107
表 5-9	浙江省各类规模以上企业工业总产值及数量（2000—2013年）	108
表 5-10	浙江省国有与私营规模以上企业相关指标（2006—2013年）	109
表 5-11	浙江省实施省管县体制基础与有利条件	110
表 5-12	浙江省有关扩大县（市）经济社会管理权限的文件汇总（1992—2008年）	112
表 5-13	浙江省一般预算收支分级分项目分布情况（2005年）	115
表 5-14	四川省财政一般预算支出（复式预算）构成（2005年）	118
表 5-15	四川省对市州分税制财政管理体制概况	121
表 5-16	四川省市州对县（市、区）的财政体制概况	122
表 5-17	省以下转移支付构成（2005年）	124
表 5-18	四川省以下转移支付与其他财力的相对比重	125
表 5-19	相关变量的描述性统计（2000—2006年）	129
表 5-20	人均转移支付对三类人均支出的影响（2000—2006年）	130
表 5-21	转移支付比重对三类支出比重的影响（2000—2006年）	131
表 5-22	重庆市财政收入的弹性系数（2006—2010年）	137

第一章 导 论

一、分税制以来的中央与地方财政关系：一项未尽的改革

长久以来，如何处理中央与地方之间的关系始终关系着国家的稳定与兴衰。诚然，从规范意义而言，如果一个国家的地域面积、人口规模等"量级"足够小，其完全可以"省略"掉中央政府和基层政府之间省或州政府这一层级，比如新加坡这样的城市国家（city-state）。然而，中国幅员辽阔、地势复杂，人口与民族众多，从未间断的文明与数千年以来的单一制传统，以及自元朝以来的行省制"遗产"，使得中国很早便成为以省为主要建制的国家。在这一制度背景之下，如何处理中央与省、省本级与省以下的关系，使得"郡县治、天下安"，始终是困扰历代国家治理者的难题。

与世界大多数国家相比，中国的东西广度、南北跨度，众多的民族与全球近五分之一的人口，各地区延绵不断的传统文化和历史的传承与积累，以及近代以来外来入侵与西学东渐的地区差异等多种因素的融合与碰撞，无疑加大了其在处理中央与地方关系上的难度。毋庸置疑，无论是从本国的历史还是他国的经验来看，中央与地方政府之间的权限划分、如何在不同层级的政府间合理分配各种资源，均是影响这一国家在哪些方面及多大程度上实现善治的主要因素之一。而且，这不仅是一个应然的规范性问题，更是一个需要现实经验与数据分析来支撑的实证问题。

在中央和地方多维度的关系之中，财政性关系无疑是其中重要的一环。①不可否认，自20世纪70年代末期以来，中国才真正开始全方位地建构现代国家体系②，包括从数字上更为精确地把握经济动向（如在各领域系统编制统计年鉴，借鉴西方关于GDP、GNP的统计方式等）、重构财政制度以建构预算与税收国家③，以及政府官员的公开考试选任，等等。"政策需要政治"④，政治建构政策。就财税改革而言，当以20世纪90年代中期所推行的分税制及其相应配套改革最为关键。其核心政治目标便是通过重新配置核心国有资源以调整中央与地方关系，并塑造一系列市场激励机制来推动各级政府主体之间的竞争⑤。这不仅直接形塑了改革后的一系列政府间财政关系与资源配置模式，而且也标志着中央开始建构现代意义上的宏观调控工具（包括财政、税收以及货币政策等），其重要性不言而喻。其中，这一改革最为重要的结果便是将最具合法性且稳定的财政资源——预算内收入——集中到中央（图1-1即为中央地方收入的"反向剪刀差"）。

---

① Hongbin Cai, Daniel Treisman, "Did Government Decentralization Cause China's Economic Miracle?", *World Politics*, Vol. 58, No. 4, 2006, pp. 505-35; Jonathan Rodden, "Comparative Federalism and Decentralization: On Meaning and Measurement", *Comparative Politics*, Vol. 36, No. 4, 2004, pp. 481-500.

② [美]李侃如：《治理中国：从革命到改革》，胡国成、赵梅译，中国社会科学出版社2010年版。

③ 马骏：《中国财政国家转型：走向税收国家?》，载《吉林大学社会科学学报》，2011年第1期；王绍光、马骏：《走向"预算国家"：财政转型与国家建设》，载《公共行政评论》，2008年第1期。

④ 这句话出自古勒维奇经典著作（Gourevitch, 1986）的第一句话，也是其中心论点；作者这里的"政治"主要指推动某项重大政策的社会联盟的政治运作（朱天飚：《比较政治经济学》，北京大学出版社2006年版，第126—127页）。在此，"政治"的主要意涵是中央的政治需求与支持，换言之，在很大程度上，类似"分税制"如此重大的利益再分配改革是无法缺少中央的决心与需求的。

⑤ 这一系列国家核心经济资源包括税收、国有企业及其利润、金融信贷等（参见雷艳红、游宇：《央地关系视角的土地财政：一个制度层面的梳理》，载《中国行政管理》，2012年第10期；游宇：《投资驱动、土地依赖与地方治理——基于中国地级市的实证研究（2003—2010）》，载《甘肃行政学院学报》，2014年第5期）；雷艳红、游宇：《央地关系视角的土地财政：一个制度层面的梳理》，载《中国行政管理》，2012年第1期。

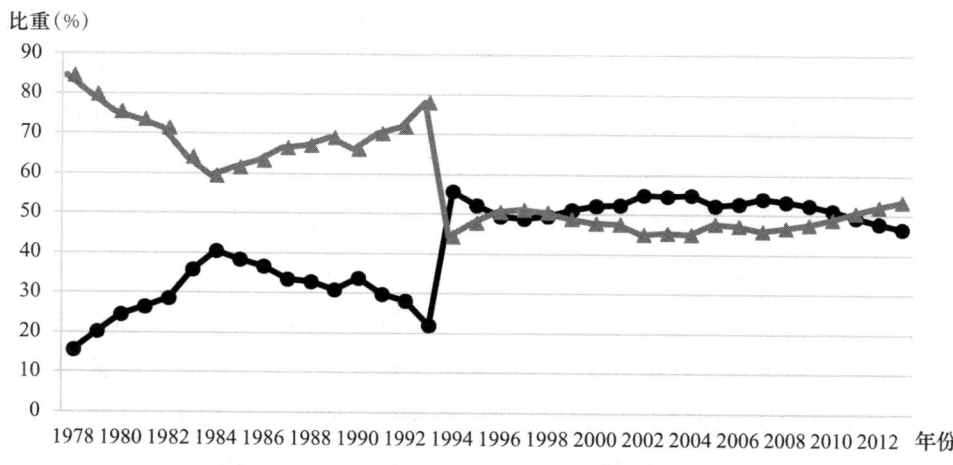

图 1-1　中央与地方占公共财政收入的比重（1978—2013 年）

资料来源：国家统计局，《中国统计年鉴》，2014 年。

注：1. 在公共财政收支中，价格补贴 1985 年以前冲减财政收入，1986 年以后列为财政支出。为了可比，将 1985 年以前冲减财政收入的价格补贴改列在财政支出中。2. 公共财政收入中不包括国内外债务收入。

在学界，助推这一改革的当属王绍光、胡鞍钢所著的《中国国家能力报告》。[①] 他们认为，在国家（尤其是中央政府）将自己的意志、目标转化为具体政策的过程之中，财政汲取能力是其中最为重要的国家能力，也是实现其他国家能力（宏观调控能力、合法化能力以及强制能力等）的基础。王绍光之后的文章则更为直接：分税制之前的财政"分权让利"政策的结果便是使得国家的财政汲取能力、中央政府的经济调控和行政管理能力大大下降，从而导致"国家能力"被严重削弱。[②]

然而，正如李强对上述文献所评论的那样，《中国国家能力报告》"未能从理论上厘清国家能力的内涵与外延，混淆了国家能力与国家权力两个不同

[①] 在 2013 年，学界甚至为《中国国家能力报告》举行了出版 20 周年纪念会，与会者称其"为 20 年来的国家战略标示了路线"。

[②] 王绍光：《分权的底线》，载《战略与管理》，1995 年第 2 期。

的概念"。① 同时，如果按照迈克尔·曼（Michael Mann）对于国家权力的经典分类，真正强大的国家能力是与国家的建制性权力（infrastructural power）紧密联系，而后者则是基于国家与社会的良性互动，而非依靠强制性权力（despotic power）或单独依靠行政手段来汲取资源。②

另外一方面，从政策实践的操作来看，分税制之后的中央与地方财政关系还远远是一项未完成的改革。第一，就改革策略来看，这一改革的直接目标在于迅速扭转中央在财政资源分配上的劣势，因而很难说在顶层设计上尽善尽美。一般而言，在良性的去中心化改革步骤中，首要的是考虑如何清晰地划分支出责任，即将支出责任的划分作为建立收入分配与转移支付系统的"合法性"来源③；而分税制改革关于各级政府支出责任的划分显然滞后于收入与转移支付的安排。④ 第二，与之紧密相承，这一安排策略及后续改革的相对滞后实际上造成了各级政府间的利益"差序分配"格局，即中央受益较多，各省与部分地级市居其中，而县乡等基层政府则往往面临不同程度的财政困境。尤其是在21世纪初期，为了规范政府行政事业性收费和减轻农民负担，中央政府又进行大规模的费改税和取消农业税改革；相对于中央政府，这一改革对于地方政府尤其是中西部省份的低级别政府的影响要大得多。⑤ 第三，在该财政制度的激励下，以土地融资与城市开发为依托的发展模式则是地方

---

① 李强：《国家能力与国家权力的悖论——兼评王绍光，胡鞍钢〈中国国家能力报告〉》，载《中国书评》，1998年第11期；李强：《后全能体制下现代国家的构建》，载《战略与管理》，2001年第6期。

② 参见 Michael Mann, "The autonomous power of the state: its origins, mechanisms and results", *European Journal of Sociology*, Vol. 25, No. 2, 1984, pp. 185 – 213; Michael Mann, "Infrastructural Power Revisited", *Studies in Comparative International Development*, Vol. 43, No. 3 – 4, 2008, pp. 355 – 365。

③ Bahl Roy W., Jorge Martinez-Vazquez, "Sequencing Fiscal Decentralization", World Bank Policy Research Working Paper 3914, May, 2006.

④ Jorge Martinez-Vazquez, Baoyun Qiao, "Assessing the assignment of expenditure responsibilities", *China's local public finance in transition*, Lincoln Institute of Land Policy, Cambridge, 2011, pp. 21 – 40.

⑤ John James Kennedy, "From the Tax-for-Fee Reform to the Abolition of Agricultural Taxes: The Impact on Township Governments in North-West China", *The China Quarterly*, No. 189, 2007, pp. 43 – 59; 刘乐山、何炼成：《取消农业税后的县乡财政困难问题研究》，载《经济体制改革》，2005年第3期。

行为选择的重要表现。① 然而，这一模式下的地方政府不会将大量收入用于民生与科教文卫等公共支出，而是用于更有利于快速拉动经济增长的基础建设等投资。② 最后，就地方治理而言，分税制之后土地财政高汲取③ 与扭曲财政支出结构④ 带来了一些负面影响，如以基建为主的城市支出导向与城乡收入差距的拉大⑤、偏离转移支付的基本公共服务均等化目标⑥，等等。

因此，长远来看，1994 年的分税制改革仅仅是一个过渡性的制度安排：与财权相对应的中央与地方的事权划分亟待理清；更为重要的是，省以下财政关系实际上并未真正进入分税制格局，而是演化成了分成制和包干制。⑦ 基于上述研究背景，本书试图探讨的是，各省财政分权与功能性支出结构对于地方治理的影响。

二、问题的提出

如何提高治理水平？学界和政界围绕这一问题做了大量理论探讨和实践

---

① 孙秀林、周飞舟：《土地财政与分税制：一个实证解释》，载《中国社会科学》，2013 年第 4 期；刘守英、蒋省三：《土地融资与财政和金融风险——来自东部一个发达地区的个案》，载《中国土地科学》，2005 年第 5 期。

② 周飞舟：《大兴土木：土地财政与地方政府行为》，载《经济社会体制比较》，2010 年第 3 期；范子英：《转移支付、基础设施投资与腐败》，载《经济社会体制比较》，2013 年第 2 期；游宇：《投资驱动、土地依赖与地方治理——基于中国地级市的实证研究（2003—2010）》，载《甘肃行政学院学报》，2014 年第 5 期。

③ 游宇：《可持续的经济大跃进？——重庆高速增长的财政解析》，载《公共行政评论》，2012 年第 5 期。

④ 傅勇：《财政分权、政府治理与非经济性公共物品供给》，载《经济研究》，2010 年第 8 期；傅勇、张晏：《中国式分权与财政支出结构偏向：为增长而竞争的代价》，载《管理世界》，2007 年第 3 期。

⑤ 雷根强、蔡翔：《初次分配扭曲、财政支出城市偏向与城乡收入差距——来自中国省级面板数据的经验证据》，载《数量经济技术经济研究》，2012 年第 3 期。

⑥ 付文林、沈坤荣：《均等化转移支付与地方财政支出结构》，载《经济研究》，2012 年第 5 期。

⑦ 贾康：《财政的扁平化改革和政府间事权划分》，载《中共中央党校学报》，2008 年第 11 期；贾康、阎坤：《完善省以下财政体制改革的中长期思考》，载《管理世界》，2005 年第 8 期。

尝试。① 从政府的工具箱来看，财政支出安排是其掌握的重要资源，怎么花、花在什么地方、如何在不同政府层级间分配，则事关财政支出的效率和效用。如果简单地以财政支出在中央与地方的划分来看，中国无疑是世界上最为"去中心化"的国家之一，近年来超过四分之三的政府支出都发生在次国家层面（见图1-2）。

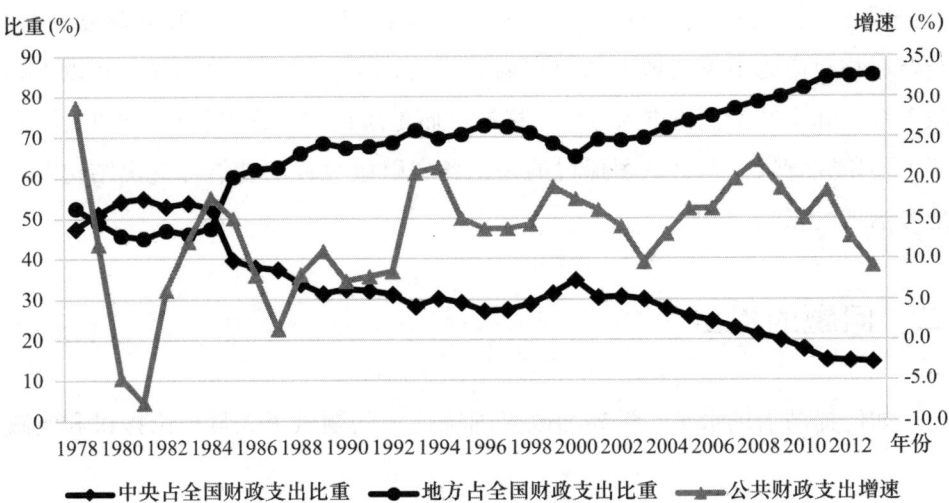

图1-2 中央与地方占全国财政支出比重和财政支出增速（1978—2013年）
资料来源：国家统计局，2014。
注：1. 在公共财政收支中，价格补贴1985年以前冲减财政收入，1986年以后列为财政支出。为了可比，本图将1985年以前冲减财政收入的价格补贴改列在财政支出中。2. 从2000年起，公共财政支出中包括国内外债务付息支出。

更为关键的是次国家层次（subnational level）的财政结构。结合图1-2与图1-3，我们大致可以了解中国财政支出在中央、省、市与县等各层级的分布情况：在分税制之后，地方的财政支出大致是75%（从1993年的71%到2007年的78%），而省以下的地级市与县级财政支出则大致占总的地方财政支出的70%以上，占全国财政支出比重则为五成左右。我们关注的主要问

---

① 其中，俞可平及其合作者关于"治理与善治"的一系列文章在学界和社会上引起了较大的关注（比如，俞可平：《治理与善治》，社会科学文献出版社2000年版；俞可平：《治理和善治：一种新的政治分析框架》，载《南京社会科学》，2001年第9期；俞可平：《增量民主与善治》，社会科学文献出版社2005年版；俞可平、王颖：《公民社会的兴起与政府善治》，载《中国改革》，2001年第6期）。

题便是：占全国四分之三的地方支出，以及支出责任繁重且占全国一半的省以下财政支出，到底对于地方治理形成了怎样的影响？

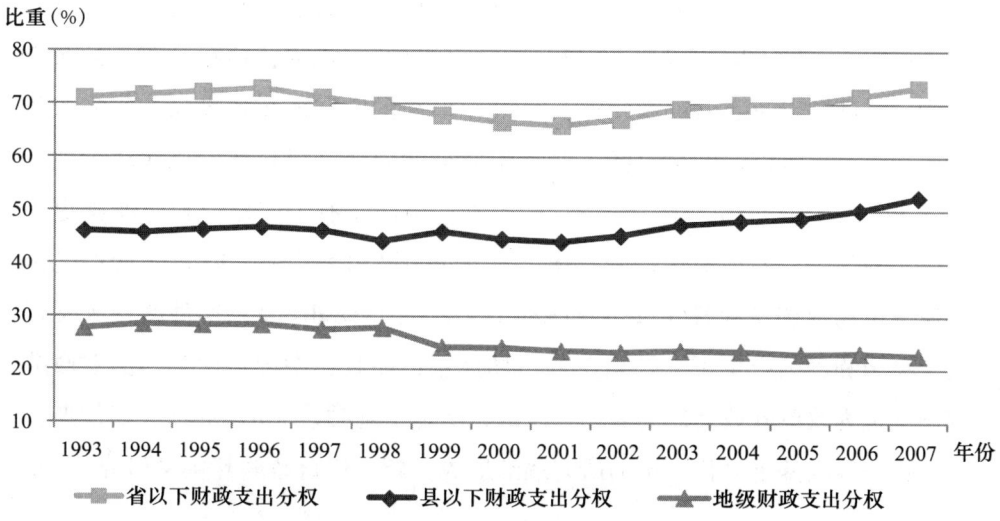

图 1-3 省以下与市级、县级财政支出分权

资料来源：财政部国库司预算司，《全国地市县财政统计资料》（历年），中国财政经济出版社。

注：1. 市级或县级财政分权即用市级或县级财政支出占地方财政支出比重，省以下财政支出分权即市与县的财政支出分权之和。2. 省以下财政支出分权未包含西藏，地市级与县级财政分权计算未包含西藏所辖地区与直辖市。

现有研究往往认为，政府间的财政分权与各级政府的公共支出导向将会对治理水平产生一定程度的影响。比如，在规范层面上，探讨财政联邦制的相关文献为地方财政分权提供了学理上的辩护，即不同性质、类别的财税收入与支出应该在不同层级政府之间合理分配以求效率最高，并为次中央政府提供合适的激励。① 此外，在实证层面上，无论对发展中国家、发

---

① Musgrave R. A., *The Theory of Public Finance: A Study in Public Economy*, New York: McGraw-Hill, 1959; Oates W. E., *Fiscal Federalism*, New York: Harcourt Brace Jovanovich, 1972; Stigler G., *The Tenable Range of Functions of Local Government*, Joint Economic Committee, US Congress, Federal Expenditure Policy for Economic Growth Stability, 1957; Tresch Richard W., *Public Finance: a Normative Theory*, Business Publication, Inc., 1981.

达国家还是跨国比较而言，诸多研究则讲述了关于中央放权于地方与经济增长的故事。①

置于当代中国的背景之下，许多研究也将中国的改革与经济增长奇迹归因于中国特有的不同层级之间的权威与资源划分。比如，钱颖一等人的研究认为，与苏联以及东欧国家相比，1980 年以来的中国的市场导向的经济改革的成功，至少可以追溯至毛泽东时代粗放型计划经济所形成的以块块为主管理国家经济事务的 M 型经济体制。② 此外，中国特有的财政分权体制则更为吸引学界注意。温加斯特认为，18 世纪的英国和 19 世纪、20 世纪初的美国都属于市场维护型联邦主义（market-preserving federalism），这种联邦主义促进了英国和美国产生了一个繁荣的市场体系；而且，中国与此类似的财政分权制度也为改革开放之后的高速经济增长奠定了基础。③ 不仅如此，温加斯特与钱颖一等人基于当代中国的研究逐渐形成了新一代财政联邦主义研究。④ 整

---

① Nobuo Akai, Masayo Sakata, "Fiscal decentralization contributes to economic growth: evidence from state-level cross-section data for the United States", *Journal of Urban Economics*, Vol. 52, No. 1, 2002, pp. 93 - 108; Hamid Davoodi, Heng-fu Zou, "Fiscal Decentralization and Economic Growth: A Cross-Country Study", *Journal of Urban Economics*, Vol. 43, No. 2, 1998, pp. 244 - 257; Lin Justin Yifu, Zhiqiang Liu, "Fiscal Decentralization and Economic Growth in China", *Economic development and cultural change*, Vol. 49, 2000, pp. 1 - 21; Martinez-Vazquez Jorge, Robert M. McNab, "Fiscal Decentralization and Economic Growth", *World Development*, Vol. 31, 2003, pp. 1597 - 1616.

② Yingyi Qian, Gérard Roland, Chenggang Xu, "Why is China different from Eastern Europe? Perspectives from organization theory", *European Economic Review*, Vol. 43, No. 4, 1999, pp. 1085 - 94; Qian Yingyi, Chenggang Xu, "Why China's Economic Reforms Differ: The M-Form Hierarchy and Entry/Expansion of the Non-State Sector", *Economics of Transition*, Vol. 1, 1993, pp. 135 - 70.

③ Weingast Barry R., "The Economic Role of Political Institutions: Market-Preserving Federalism and Economic Development", *Journal of Law, Economics, & Organization*, Vol. 11, No. 1, 1995, pp. 1 - 31.

④ 比如，Gabriella Montinola, Yingyi Qian, Barry R. Weingast, "Federalism, Chinese Style: The Political Basis for Economic Success in China", *World Politics*, Vol. 48, No. 1, 1995, pp. 50 - 81; Yingyi Qian, Gérard Roland, "Federalism and the Soft Budget Constraint", *The American Economic Review*, Vol. 88, No. 5, 1998, pp. 1143 - 62; Yingyi Qian, Barry R. Weingast, "China's transition to markets: market-preserving federalism, chinese style", *Journal of Economic Policy Reform*, Vol. 1, No. 2, 1996, pp. 149 - 85; Yingyi Qian, Barry R. Weingast, "Federalism as a Commitment to Perserving Market Incentives", *The Journal of Economic Perspectives*, Vol. 11, No. 4, 1997, pp. 83 - 92。

体来看,这一组文献着重探讨了中国的财政结构因素,并认为这一因素是理解当代中国增长与转型的重要视角。

如果说财政联邦主义所要解决的是公共部门的纵向结构问题①,那与之紧密相关的另一组文献——功能性联邦主义——则试图从不同层级政府的横向支出责任来理解地方治理的优劣。具体而言,就公共支出的功能导向而言,相关研究认为政府有两个主要目标,即发展与再分配。② 进一步,他们也在财政联邦主义文献基础上明确强调,联邦政府应对再分配任务承担主要责任,同时州和地方政府对发展负主要责任,即中央负责再分配事务、地方专注于经济发展。③

从研究的落脚点来看,上述研究在很大程度上是在探寻一种有效率的治理之道,即政府间的财政分权结构与支出导向将在多大程度、哪些方面"形塑"高效且优良的地方治理绩效。这也为本书的分析提供了基本的理论视角。

不同于上述宏观研究,另一些研究则更为强调经济增长与社会治理的微观层面,即核心官员的晋升激励。自薄智跃、周黎安、李宏彬等学者发表关于官员晋升与经济增长的研究④以来,解释官员晋升(作为因变量)

---

① Wallace E. Oates, "An Essay on Fiscal Federalism", *Journal of Economic Literature*, Vol. 37, No. 3, 1999, pp. 1120 - 1149.

② Robert J. Barro, "Government Spending in a Simple Model of Endogeneous Growth", *Journal of Political Economy*, Vol. 98, No. 5, 1990, pp. 103 - 125; Michael Keen, Maurice Marchand, "Fiscal competition and the pattern of public spending", *Journal of Public Economics*, Vol. 66, No. 1, 1997, pp. 33 - 53; Paul E. Peterson, *The Price of Federalism*, Washington, D. C. : Brookings Institution Press, 2012.

③ Paul E. Peterson, *The Price of Federalism*, Washington, D. C. : Brookings Institution Press, 2012.

④ Zhiyue Bo, "Economic performance and political mobility: Chinese provincial leaders", *Journal of Contemporary China*, Vol. 5, No. 12, 1996, pp. 135 - 154; Zhiyue Bo, *Chinese Provincial Leaders: Economic Performance and Political Mobility Since 1949*, Taylor and Francis, 2019; Hongbin Li, Li-An Zhou, "Political turnover and economic performance: the incentive role of personnel control in China", *Journal of Public Economics*, Vol. 89, No. 9, 2004, pp. 1743 - 1762; 周黎安:《晋升博弈中政府官员的激励与合作》,载《经济研究》,2004年第6期;周黎安:《中国地方官员的晋升锦标赛模式研究》,载《经济研究》,2007年第7期;周黎安:《转型中的地方治理:官员激励与治理》,上海人民出版社2008年版;周黎安:《官员晋升锦标赛与竞争冲动》,载《人民论坛》,2010年第15期;周黎安、李宏彬、陈烨:《相对绩效考核:中国地方官员晋升机制的一项经验研究》,载《经济学报》,2005年第1期。

或以官员特征（作为自变量）解释其他现象的研究便逐渐兴起，至今仍方兴未艾。众多学者将中国政治经济发展的方方面面与官员的任期、晋升或异地交流联系起来，如财政收入①、教育投入②、民生改善③、城商行信贷走向④、土地出让⑤、环境保护与环境信息造假⑥、反腐败⑦等。正如李磊的研究所总结的那样，改革开放以来中国的经济发展不仅源于财政和经济分权，更得益于执政党自上而下的官员任命体制以及对地方主官的管控。⑧

然而，上述研究在理论推导与实证论证层面均受到不同程度的批评。比如，杨其静和郑楠对于其之前研究不足所归纳的那样，经济绩效与官员是否晋升的关系很可能与模型的变量设置有关系⑨：凡是将 GDP（国内生产总值）或者同时将人口和人均 GDP 作为解释变量的经验研究都未能发现官员晋升与

---

① 张莉、王贤彬、徐现祥：《财政激励、晋升激励与地方官员的土地出让行为》，载《中国工业经济》，2011 年第 4 期。

② 杨良松：《中国干部管理体制减少了地方政府教育支出吗？——来自省级官员的证据》，载《公共管理学报》，2013 年第 10 期。

③ Zuo Cai Vera, "Promoting City Leaders: The Structure of Political Incentives in China", *The China Quarterly*, No. 224, 2015, pp. 1–30.

④ 钱先航、曹廷求、李维安：《晋升压力、官员任期与城市商业银行的贷款行为》，载《经济研究》，2011 年第 12 期。

⑤ 梁若冰：《财政分权下的晋升激励、部门利益与土地违法》，载《经济学（季刊）》，2009 年第 9 期；张莉、高元骅、徐现祥：《政企合谋下的土地出让》，载《管理世界》，2013 年第 12 期。

⑥ Dalia Ghanem, Junjie Zhang, "Effortless Perfection: Do Chinese cities manipulate air pollution data?", *Journal of Environmental Economics and Management*, Vol. 68, No. 2, 2014, pp. 203–25; Siqi Zheng, Matthew E. Kahn, Weizeng Sun, Danglun Luo, "Incentives for China's urban mayors to mitigate pollution externalities: The role of the central government and public environmentalism", *Regional Science and Urban Economics*, Vol. 47, 2014, pp. 61–71.

⑦ 陈刚、李树：《官员交流、任期与反腐败》，载《世界经济》，2012 年第 2 期。

⑧ Landry Pierre F., "The Political Management of Mayors in Post-Deng China", *The Copenhagen Journal of Asian Studies*, Vol. 17, 2005: pp. 31–58; Landry Pierre Francois, *Decentralized Authoritarianism in China: the Communist Party's control of local elites in the post-Mao era*, New York: Cambridge University Press, 2008.

⑨ 杨其静、郑楠：《地方领导晋升竞争是标尺赛、锦标赛还是资格赛》，载《世界经济》，2013 年第 12 期。

经济增长关系的证据①；相反，那些发现官员晋升与经济增长业绩之间存在显著正相关关系的研究，无一例外地在计量模型中缺少反映经济和人口规模的变量。这意味着，若不将反映辖区经济、人口规模的指标纳入计量模型，则将面临遗漏重大解释变量的风险，即具有较强的内生性。然而，本研究虽然并不直接将官员个体特征与晋升激励属性作为解释变量，但上述文献也确实为本研究提供了重要的观察视角，比如官员在晋升冲动下所普遍投射的财政支出偏好等。

此外，更为重要的是，在探讨有关中国各级政府间权威划分与经济增长和改革的关系中，有两大核心问题十分重要：第一，政治与财政分权在中国经济改革与中国共产党政治韧性（political resilience）上起到了什么作用；第二，如何理解地方自主的有限性，以及（与之相对的）中央权威的有限性。② 从这两点映射到现有的研究来看，分权的结果与绩效很可能是不同的，这与地方政府在其中所扮演的角色紧密相关。换言之，地方政府的角色很可能是解释（财政）分权结果与绩效的重要机制。③

因此，基于上述理论视角和中国的现实经验，本书试图回答的是：在中国具有庞大地方支出规模的制度背景之下，就省际而言，财政资源在地方纵向各级政府间的配置以及地方政府不同导向的财政支出比重，究竟会对地方治理带来什么样的影响？其具体机制是什么？我们对此还应该采取何种对策

---

① 其中，薄智跃（Zhiyue Bo, "Economic performance and political mobility: Chinese provincial leaders", *Journal of Contemporary China*, Vol. 5, No. 12, 1996, pp. 135 – 154; Landry Pierre F., "The Political Management of Mayors in Post-Deng China", *The Copenhagen Journal of Asian Studies*, Vol. 17, 2005, pp. 31 – 58; Opper Sonja, Stefan Brehm, "Networks Versus Performance: Political Leadership Promotion in China", *Department of Economics*, Lund University, 2007.）的结论是，经济增长率与提升无关，但上缴税越多越能提升；因此，作者认为，中央关注的是上缴税收而不是单纯的经济增长率；上缴税收越多越能提升，少交税则更可能被降职。

② Rithmire Meg E., "China's 'New Regionalism': Subnational Analysis in Chinese Political Economy", *World Politics*, Vol. 66, 2014, pp. 165 – 94.

③ Bardhan Pranab, Dilip Mookherjee, "The Rise of Local Governments: An Overview", *Decentralization and local governance in developing countries: A comparative perspective*, Edited by Pranab Bardhan and Dilip Mookherjee, Cambridge: MIT Press, 2006.

以提升治理绩效？

三、本书结构

基于上述核心问题，本书第二章则主要阐述整体的研究设计。首先，我们主要以"省"为分析单位。其次，我们试图采用一种混合研究路径的分析策略，即首先对财政结构与地方治理进行大样本的量化分析，在此基础上，再选取个别案例进行深入阐述。最后，我们对本书的基本概念及资料来源进行了阐述。

第三章是对现有文献的总结与评述。首先，我们对于治理（本文的因变量）的内涵进行了梳理和讨论，在此基础上，我们选取了一套涵盖政府、市场主体与社会主体等多方信息的指数来测量地方治理绩效。之后，我们从财政联邦主义和功能性联邦主义文献对地方分权和财政支出分类进行了讨论，最后对后分税制时代的次国家的税收分享和纷繁复杂的转移支付体系进行了梳理。

第四章是量化研究部分，我们主要运用动态面板模型，分析纵向财政分权和横向支出分类对于地方治理绩效的影响。我们主要发现，各地区有差异的省以下财力分布结构与财政支出结构，对其地方治理绩效存在显著的影响。

第五章是案例分析部分。基于上述量化分析的结论，通过简要的回归分析、收入分权与支出分权的类型学以及路径影响型案例选择等多种方式，我们选择浙江、四川以及重庆分别进行个案分析。除了数据导向的数据选择方法外，我们还有理论层面的考量。比如，之所以选择浙江，主要因为其优异的地方治理绩效，我们试图探索其背后的主要机制何在；通过四川的个案，我们则试图寻找大规模省以下转移支付对于地区社会发展的影响如何；作为直辖市中最为典型的重庆，我们则试图讨论其扩大化的发展型地方政府模式在地方治理上有哪些经验和面临的挑战。

最后一章是结论、讨论与相关政策建议。我们简单地回顾了本文的论证逻辑与核心观点，论述了本研究的理论意义和启示，并在此基础上提出若干政策建议。

第二章 研究设计

一、分析层次

在关于当代中国浩如烟海的实证研究成果中,有相当一部分文献的解释单位(explanatory unit)是作为整体的中国(大陆),而用以进行数据收集与数据分析的观察单位(observational unit)则各不相同。[①]

其中,在各层次的观察单位中,"省"的意义举足轻重。无论从近千年来的历史还是当代现实来看,中国都是一个以省为主要建制的国家(a country of province)。正如薄智跃所说的那样,"(一个学者)如果不研究中国的省,那么可以说他对中国并不了解"[②]。本研究的主要目的之一便在于将一个集中化和单一化的中国(a centralized and unified China)分解为"省的中国"(provincial China),以省为观察单位来解读当代中国重大的财税结构变迁及其对于地方治理的影响。

[①] 在拉金关于比较方法的颇具影响力的著作中,他对于分析单位(unit of analysis)的两层内涵进行较好的阐释。他认为,分析单位可以有观察单位(observational unit)和解释单位(explanatory unit)两种意涵:前者主要指研究中用于数据收集与数据分析的单位;后者则主要指对所获取结果类型的解释。参见 Ragin Charles C., *The Comparative Method: Moving Beyond Qualitative and Quantitative Strategies*, Berkeley: University of California Press, 1987, pp. 8 - 9。

[②] 在受"天泽经济研究所"邀请报告其博士论文的讲座中,薄智跃在阐述"省"为何重要时所说。

第二章 研究设计

自元代正式确立行省制度以来，地方政治制度进入划省而治的阶段；省作为地方一级行政区的名称，一直沿用至今。尽管各省疆域可能进行了不同程度的调整，但与省以下各级行政区域相比，省无疑具有根据历史延续的持久性（persistent of historical continuity），并且也是最为重要的一级地方政府。① 尤其自20世纪50年代中期取消六大行政区后，省级行政单位就成为中央下属的、直接与中央发生互动的层次。② 在中国的权力结构中，自中央政府之下，省是最高层级的地方政府，即省级以及省级以下各级政府是除了中央政府以外的区域政府的统称（见图2-1）。这一点十分重要。此外，李芝兰也强调，就其所能调动的潜在资源而言，"省"是唯一有潜力对中央形成挑战的政府，而其他的地方政府则几乎没有可能。③ 比如，在一项旨在探讨农村税费改革后中央与地方互动的研究中，作者认为，即使行政体系最末端的基层政府试图挑战中央政策，在很大程度上唯有被动地回应上级压力，然后再由省级政府出面与中央协商。④

尤其是改革开放以来，财政分权改革与"下管一级"的干部管理制度推行实施之后，各种省级机构（尤其是省委与省政府）便成为各省以下经济发展、人事任命等核心活动的实际"操盘手"。⑤ 换言之，各省在不违背全国性大政方针与中央权威的前提下，对于其各项地方事务具有较大的自由裁量权（discretionary power）。

---

① Linda Chelan Li, *Centre and Provinces-China 1978 - 1993: Power as Non-Zero-Sum*, Oxford: Clarendon Press, 1998.

② Zhiyue Bo, "Economic performance and political mobility: Chinese provincial leaders", *Journal of Contemporary China*, Vol.5, No.12, 1996, pp. 135 - 154.

③ Linda Chelan Li, *Centre and Provinces-China 1978 - 1993: Power as Non-Zero-Sum*, Oxford: Clarendon Press, 1998.

④ 李芝兰、吴理财：《"倒逼"还是"反倒逼"——农村税费改革前后中央与地方之间的互动》，载《社会学研究》，2005年第4期。

⑤ Landry Pierre F., "The Political Management of Mayors in Post-Deng China", *The Copenhagen Journal of Asian Studies*, Vol.17, 2005, pp. 31 - 58; Landry Pierre Francois, *Decentralized Authoritarianism in China: the Communist Party's control of local elites in the post-Mao era*, New York: Cambridge University Press, 2008.

从经验层面而言,没有比较便没有研究,而没有变异则难以比较。无论是省与省之间还是各省以内,其财政结构的"变异度"(variation)均较大。借统计学的术语,其"组内差异"与"组间差异"均大到为我们提供足够的"素材"。本研究则试图分析这些差异本身的变迁,以及其对于地方治理的影响。具体而言,无论自20世纪80年代初期实施的"分灶吃饭"的财政包干制还是较为制度化的"分税制",其形塑的更多是中央与省之间的财政关系,而省以下的财政分权则在各地区呈现出较大的差异,这就为我们考察这些差异及其影响提供了天然的"试验场"。由此出发,本研究将以"财政结构与地方治理"为理论导向,在一定时空范围内进行较为全面系统的实证分析。

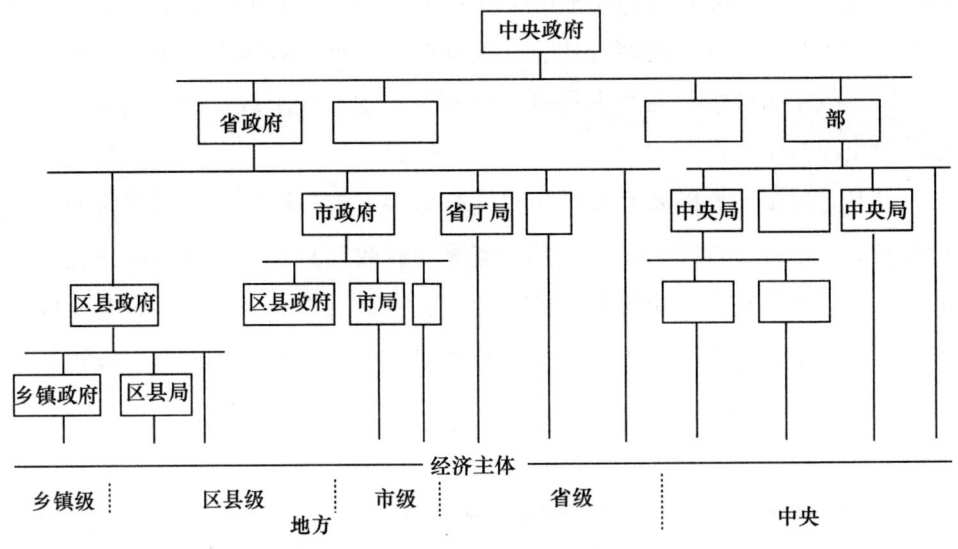

图2-1 中国的中央与地方结构

资料来源:根据Lyons研究成果扩展而成(Lyons Thomas P.,*Economic Integration and Planning in Maoist China*, New York: Columbia University Press, 1987, p.211.)。

二、分析路径:混合研究设计

关于财政分权与支出导向对于地方治理的影响,我们不仅试图从"结构"(structure)上探讨相关变量之间的相关或因果关系,即解释变量的变动在多大程度上结构性地影响了被解释变量的变化;而且,本书也试图找寻其中的因果机制,即 X 是如何导致 Y 的。这不仅仅是为了满足好奇心,而是为了可以提供更细致、深入和让人心安的解释:关于结构的研究在很大程度上可以为我们提供方向,而进行因果机制的过程探寻则"有利于降低因果关系的分析层次并缩短各个环节之间的时滞",增强解释力并缓解本研究中所面临的"结构(structure)与能动(agency)之间的张力"。[1]

基于上述研究目标,设计一项混合研究是必要的。混合方法研究的主要目的在于拓展对研究问题理解和证实的广度与深度。[2] 其往往兼用定性和定量的研究方法,来收集、分析数据,整合研究发现,并得出推论。[3] 这一研究路径的核心前提是:比起单独使用定性或定量方法,结合使用两种方法,能够更好地理解研究问题。[4]

量化研究的优势通常在于揭示变量之间的相关性或因果关系,而质性研究则通常可以深入研究对象的具体特征或行为,进一步探讨其产生的原因。因此,为了深入把握财政结构与地方治理之间的因果关系与作用机制,利伯曼(Evan Lieberman)所采用的一项混合研究设计——嵌入式分析——可以为解答本研究的核心问题提供良好的范例(见图 2-2)。[5] 这一研究设计与克雷斯维尔和克拉克所总结的六种常见混合研究设计之一——"解释性设计"——较为相似。[6]

---

[1] 刘骥、张玲、陈子恪:《社会科学为什么要找因果机制——一种打开黑箱、强调能动的方法论尝试》,载《公共行政评论》,2011 年第 4 期。

[2] R. Burke Johnson, Anthony J. Onwuegbuzie, Lisa A. Turner, "Toward a Definition of Mixed Methods Research", *Journal of Mixed Methods Research*, Vol. 1, No. 2, 2007, pp. 112-33.

[3] Abbas Tashakkori, John W. Creswell, "Editorial: Exploring the Nature of Research Questions in Mixed Methods Research", *Journal of Mixed Methods Research*, Vol. 1, No. 3, 2007, pp. 207-211.

[4] Creswell John W., Vicki L. Plano Clark, *Designing and Conducting Mixed Methods Research*, SAGE Publications, Inc., 2011.

[5] Evan S. Lieberman, "Nested Analysis as a Mixed-Method Strategy for Comparative Research", *The American Political Science Review*, Vol. 99, No. 3, 2005, pp. 435-452.

[6] Creswell John W., Vicki L. Plano Clark, Designing and Conducting Mixed Methods Research, Sage Publications, Inc., 2011. 作者以研究者收集和分析定量数据来明确对青少年吸烟预测的显著性为例。在发现在参与课外活动和吸烟之间有惊人的联系之后,研究者对积极参与课外活动的青少年进行访谈,希望能解释这个出人意料的结果。

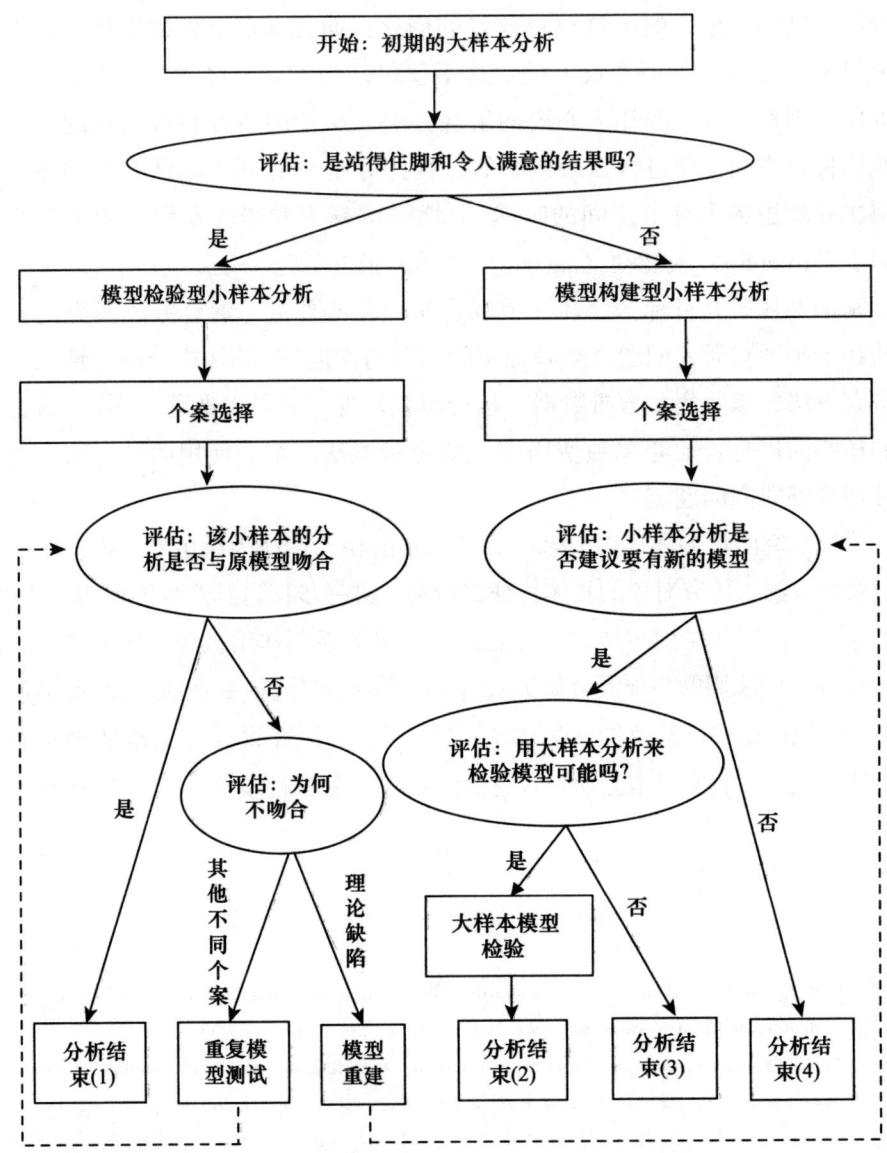

图 2-2 嵌入式分析流程概要

资料来源：Lieberman Evan S., "Nested Analysis as a Mixed-Method Strategy for Comparative Research", *American Political Science Review*, Vol. 99, 2005, pp. 435-452.

按照他们的阐述（见图 2-3），解释性研究设计先收集和分析定量数据，在回答研究问题上，也以定量数据为优先；第二阶段是则进行定性研究，定性研究阶段的设计建立在第一阶段定量研究阶段的结果之上。①

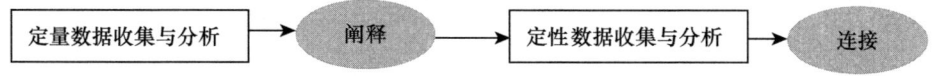

图 2-3 解释性研究的典型示例

资料来源：Creswell John W., Vicki L Plano Clark, *Designing and Conducting Mixed Methods Research*, SAGE Publications, Inc., 2011.

嵌入式分析包括了从一个初步的大样本分析（LNA）和对其结果的稳健性的评估。如果模型稳健并且结果是站得住脚的，那么就进入"模型检验型小样本分析"（Mt-SNA）；否则进入"模型构建型小样本分析"（Mb-SNA）。在每个案例中，如图 2-2 所示，研究者应利用从小样本分析（SNA）中获得的信息对分析结果进行再一次的评估。

解释性研究设计与上述理念基本一致，即研究者需要对一般关系的探索以及对个案的深入剖析上均给予足够的重视（见图 2-3）。在此，选用解释性研究等混合方法设计的主要原因包括相互关联的两个方面：一方面是基于三角互证法或更强的效度（triangulation or greater validity）的传统观点，即定量与定性研究可以结合，使结果进行三角互证，来确定它们是否可以相互佐证；另一方面在于阐释（illustration），即运用定性数据来解释定量结果，可以使得略显"干瘪"的定量发现生出"血肉"，更加丰满。换言之，定量研究让研究者了解社会生活的框架，而定性研究则使研究者能准确判断过程、做出合理行动。②

无论是嵌入式分析还是解释性研究设计，其中的关键在于：如何将数据的量化分析与之后的结果解释"整合"起来，比如，第二阶段的样本如何选择、规模如何确定，后续的定性数据是否为研究问题提供了更合理的解释，

---

① Creswell John W., Vicki L Plano Clark, *Designing and Conducting Mixed Methods Research*, SAGE Publications, Inc., 2011.

② Alan Bryman, "Integrating quantitative and qualitative research: how is it done?", *Qualitative Research*, Vol. 6, No. 1, 2006, pp. 97-113.

以及两个阶段的分析与阐释如何"配合"等。①

基于上述讨论，本书的研究框架如下图所示：

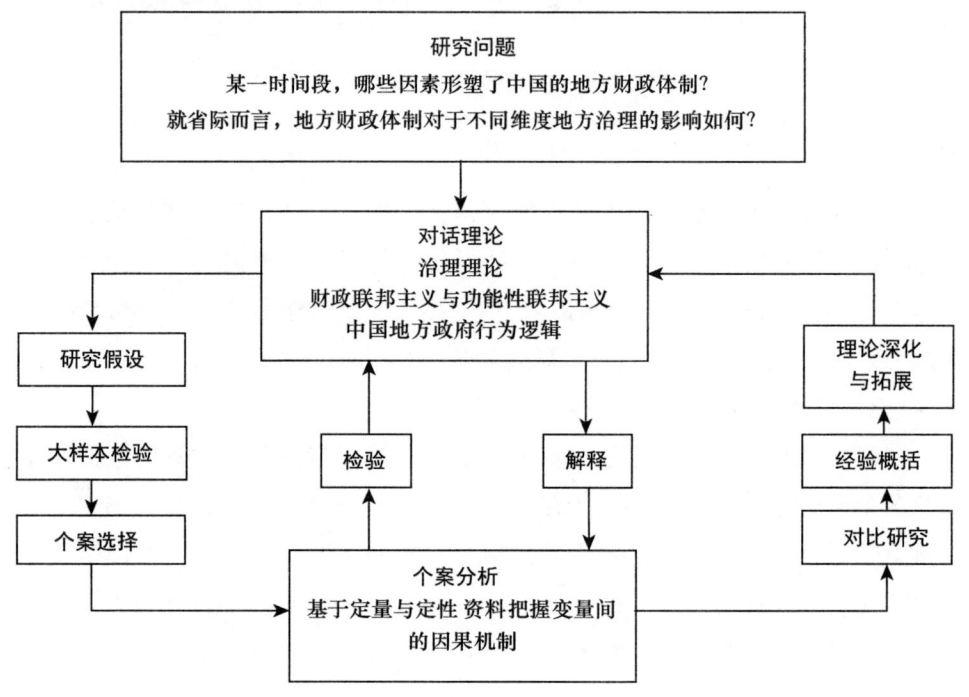

图 2-4 分析框架与研究流程

资料来源：作者自制。

在此研究框架下，初步的因果推断是建立在以回归分析为基础的统计分析之上，而统计分析也最终会导向对理论模型稳健性的定量评估。在此基础上，我们可以对本研究的研究假设有比较初步的掌握，并为接下来的研究指明方向。在这一步，我们的主要任务在于，确定各地区的财政分权与主要功能性支出分类分别对其地方治理产生了什么样的影响。接下来，我们将通过基于回归的案例选择技艺，选取典型案例、异常案例以及路径影响型案例进行分析。这一部分需要借助于对个案的深入探讨，以掌握更多的"叙事"材

---

① Creswell John W., Vicki L Plano Clark, *Designing and Conducting Mixed Methods Research*, SAGE Publications, Inc., 2011.

料与信息。

上述策略的目的在于：提高概念化和测量的质量，把握其中的因果机制，并提升对于本研究的主要发现的整体信心。此外，最重要的是，这一研究设计是两种研究策略之间的互补：大样本分析提供了关于竞争性解释的结构性认知，并有助于促进小样本分析的案例选择策略，而小样本的案例分析则有助于提高测量工具和在大样本分析中运用模型的质量。在第五章的案例分析中，通过基于以回归为中心的案例选择技艺，并结合研究者本身的研究积累，本书选择浙江、四川与重庆作为分析个案。在最后，本书再总结发现、提供政策建议并讨论不足。

三、基本资料来源

根据研究问题、变量操作化需求以及对于相关发现的解释，本研究将用到如下实证资料：

客观的统计数据，主要包括官方公布的历年统计数据，比如中央层级的《中国统计年鉴》《中国财政年鉴》《地方财政统计资料》《全国地县财政统计资料》《中国区域经济统计年鉴》《中国人口与就业统计年鉴》《中国国土资源统计年鉴》等，以及地方出版的省级统计年鉴、省级财政年鉴等。

田野调查资料，如借助我们对环保机构官员的访谈、参与式观察以及向相关机构索取的文件、部门数据等，所获取的第一手调查资料。

第三章 文献与制度梳理

一、治理及其内涵

本书试图探讨的核心问题是，地方的财政资源分配和使用导向与地方治理的关系。那么究竟何为治理，或者治理的内涵是什么？这是本书无法回避的问题。自从世界银行发表其关于非洲发展的知名论断——"长期以来制约非洲发展的核心难题便是治理危机（crisis in governance）"[①]——以来，治理一词便在各个语境下被广泛运用[②]，甚至在诸多语境下被滥用[③]。或许正因为此，被过度放大的外延在一定程度上阻碍了我们对于治理内涵的理解，以至于其在变量操作化层面很难测量。这一困境在我国数据相对缺乏的次国家层面尤其突出。另一方面也说明，我们很难使用某一种测量方式来测量地方治理的方方面面，而明智的做法是，根据研究需要，聚焦于治理的某个或某几个重要的维度。基于此，我们首先需要进行梳理的是治理的核心内涵，以及

[①] World Bank, *Sub-Saharan Africa: From Crisis to Sustainable Growth: A Long-Term Perspective Study*, 1989.

[②] Bob Jessop, "The rise of governance and the risks of failure: the case of economic development", *International Social Science Journal*, Vol. 50, No. 155, 1998, pp. 29-45；俞可平：《治理和善治引论》，载《马克思主义与现实》，1999年第5期。

[③] ［法］辛西娅·休伊特·德·阿尔坎塔拉、黄语生：《"治理"概念的运用与滥用》，见俞可平主编：《治理与善治》，社会科学文献出版社2000年版。

本文在哪些维度上探讨地方治理。

(一) 有关治理的两个维度

治理研究领域的主要学者通常认为，治理主要指公权力（政府）主体与市场、社会主体的持续互动过程，其中的关键价值取向是去政府化的统治。① 另外一方面，治理的目标是达到善治（good governance），而这一目标则由诸多要素组成，包括合法性、法治、政府的回应性等。② 总之，基于对经典文献对治理内涵的探讨（见表 3-1），本书认为，关于治理的内涵，学者们基本的共识包括相互联系的两大维度："结构—过程"维度和"要素—目标"维度；从研究的时间跨度来看，前者通常是在一个较长的时间序列内讨论，而后者则可以在某个时间来观察（见图 3-1）。

表 3-1 关于治理内涵的文献梳理

代表文献的观点或概括	治理的内涵
詹姆斯·罗西瑙（James Rosenau）等③	治理是一系列活动领域里的管理机制，它们虽未得到正式授权，却能有效发挥作用。与统治不同，治理指的是一种由共同的目标支持的活动，这些管理活动的主体未必是政府，也无须依靠国家的强制力量来实现

---

① 比如，Rosenau James N., "Governance, Order and Change in World Politics", *Governance without government: Order and change in world politics*, Edited by James N. Rosenau and Ernst O. Czempiel, Cambridge and New York: Cambridge University Press, 1992; Rosenau James N., "Governance in the Twenty-First Century", *Global governance*, Vol. 1, 1995, pp. 13 - 43; The Commission On Global Governance, *Our Global Neighbourhood: The Report*, Oxford: Oxford University Press, 1995; B. Guy Peters, "R. A. W. Rhodes, Understanding Govenance: Policy Networks, Governance, Reflexivity and Accountability", *Public Administration*, Vol. 76, No. 2, 1998。

② 俞可平：《治理和善治引论》，载《马克思主义与现实》，1999 年第 5 期；俞可平：《治理与善治》，社会科学文献出版社 2000 年版。

③ Rosenau James N., "Governance, Order and Change in World Politics", *Governance without government: Order and change in world politics*, Edited by James N. Rosenau and Ernst O. Czempiel, Cambridge and New York: Cambridge University Press, 1992.

(续表)

代表文献的观点或概括	治理的内涵
罗德里克·罗茨①	（1）作为最小国家的管理活动的治理，它指的是国家削减公共开支，以最小的成本取得最大的效益 （2）作为公司管理的治理，它指的是指导、控制和监督企业运行的组织体制 （3）作为新公共管理的治理，它指的是将市场的激励机制和私人部门的管理手段引入政府的公共服务 （4）作为善治的治理，它指的是强调效率、法治、责任的公共服务体系 （5）作为社会—控制体系的治理，它指的是政府与民间、公共部门与私人部门之间的合作与互动 （6）作为自组织网络的治理，它指的是建立在信任与互利基础上的社会协调网络
让·库伊曼和范·弗利埃特②	治理的概念是，它所要创造的结构或秩序不能由外部强加；它之所以发挥作用，是要依靠多种进行统治的以及互相发生影响的行为者的互动
格里·斯托克对治理内涵的梳理③	（1）治理意味着一系列来自政府但又不限于政府的社会公共机构和行为者 （2）治理意味着在为社会和经济问题寻求解决方案的过程中存在着界限和责任方面的模糊性。它表明，在现代社会国家正在把原先由它独自承担的责任转移给公民社会，即各种私人部门和公民自愿性团体，后者正在承担越来越多的原先由国家承担的责任 （3）治理明确肯定了在涉及集体行为的各个社会公共机构之间存在着权力依赖 （4）治理意味着参与者最终将形成一个自主的网络 （5）治理意味着办好事情的能力并不仅限于政府的权力，不限于政府的发号施令或运用权威

---

① Rhodes R. A. W., "The new governance: governing without government", *Political studies*, Vol. 44, No. 4, 1996, pp. 652–667.

② Kooiman J., M. Van Vliet, "Governance and Public Management", *Managing Public Organisation*, Eliassen K., J. Kooiman (Eds.), London: Sage, 1993.

③ Gerry Stoker, "Governance as theory: five propositions", *International Social Science Journal*, Vol. 50, No. 155, 1998, pp. 17–28.

(续表)

代表文献的观点或概括	治理的内涵
世界银行报告①	善治集中体现为可预测的、公开的和理性的决策（即透明的过程）；一个具有职业精神的官僚队伍；一个能对其行动负责的政府行政部门；一个参与公共事务的强大的市民社会；和所有的人和机构都在法治下行动。 世界治理指数：言论与问责、政治稳定与杜绝暴力、政府效能、管制质量、法治和腐败控制
全球治理委员会（Commission on Global Governance）②	治理不是一整套规则，也不是一种活动，而是一整个过程；治理过程的基础不是控制，而是协调；治理不仅涉及公共部门，也包括私人部门；治理不是一种正式的制度，而是持续的互动
让·皮埃尔③	治理领域的学者从不同领域（城镇化、公共行政、预算赤字以及全球经济等）讨论了治理路径对于传统国家角色的冲击，并认为治理的实质在于重塑国家的强度以及国家与社会关系，并发挥一系列非制度化的策略（non-institutional strategies）
俞可平的善治理论④	善治的要素：合法性；透明性；责任性；法治；回应
孙柏英⑤	地方公共事务的有效治理不仅依赖于地方政府，而要将治理主体的视野扩展到地方政府与其横向和纵向的政府间关系、地方与私人部门、志愿部门和市民之间的关系；在这一网络体系中，他们共同完成应对地方的公共问题，共同完成和实现公共服务和社会管理实务
杨雪冬⑥	国家—市场—市民社会"三位一体"的治理模式是一种可以适合多种社会情景的解释框架；这三者是现代社会治理必需的制度要素，它们之间的平衡和互补关系是实现良好治理或善治的制度基础

---

① World Bank, *Governance: The World Bank's Experience*, 1994.

② Commission on Global Governance, *Our Global Neighbourhood: The Report*, 1995.

③ Pierre Jon, *Debating Governance: Authority, Steering, and Democracy*, Oxford: Oxford University Press, 2000.

④ 俞可平：《治理和善治引论》，载《马克思主义与现实》，1999 年第 5 期；俞可平：《治理与善治》，社会科学文献出版社 2000 年版。

⑤ 孙柏英：《当代地方治理——面向 21 世纪的挑战》，中国人民大学出版社 2004 年版。

⑥ 杨雪冬：《近 30 年中国地方政府的改革与变化：治理的视角》，载《社会科学》，2008 年第 12 期。

(续表)

代表文献的观点或概括	治理的内涵
马斌①	中国的地方治理是一个政府权力调整与职能重新界定的过程，即治理权威在市场、政府和第三部门之间的分化和扩散，以及在政府体系内部通过行政权力和责任的下放来增进地方（下级）政府的积极性、灵活性、回应性，其实质是治理权从国家单中心主义向多中心化和多层次化的变迁过程

资料来源：部分来自俞可平的总结，见俞可平：《治理和善治引论》，载《马克思主义与现实》，1999年第5期。

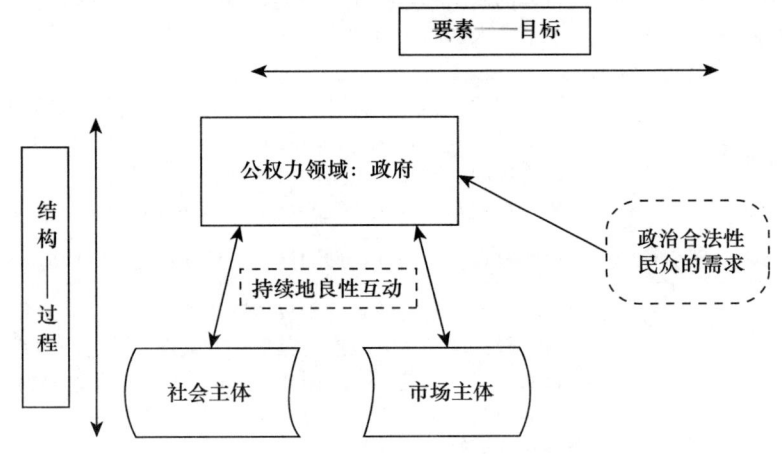

图3-1 理解治理的两大维度

资料来源：作者自制。

首先，从"结构—过程"来看，善治的实现，实际上是国家的权力向非国家维度的回归，其过程就是一个还政于"非政"的过程。② 就中国而言，其实质在于，政府逐渐从计划经济时代的"大包大揽"向真正意义的现代国家转变，包括：重视法制和法治；向社会放权，减少干预且重视市场规律的作用；在弱化了其经济职能和社会职能的同时，强化了其行政管理职能。③ 虽

---

① 马斌：《政府间关系：权力配置与地方治理》，浙江大学出版社2009年版。
② Gerry Stoker, "Governance as theory: five propositions", *International Social Science Journal*, Vol. 50, No. 155, 1998, pp. 17–28. 俞可平：《治理与善治》，社会科学文献出版社2000年版。
③ 俞可平：《治理与善治》，社会科学文献出版社2000年版。

然从词源来看，治理（governance）与政府（government）或统治（governing）具有天然的联系。然而，其主要意涵却是持续性的去政府化或去管制化的过程，是政府与各类市场主体（如企业、行业协会等）和社会主体（如 NGO 等）之间良性的互动。具体而言，从治理的方式来看，其主要指向政府与市场和社会上的其他治理主体持续互动与相互依赖的过程。[1] 换言之，"当政治（行政管理系统）的能力已经达到了效益递减（政策的作用相互抵消）的临界点或者说非常接近这一界限（执行困难重重）；在这种情况下，管理系统试图减少管理需要（例如通过解除管制的办法）或转移这种需要（如通过社会化）"[2]。

另外一方面，从治理的主要目标来看，提高执政者的合法性，即政治支持（political support）或政治信任（political trust），无疑是其中最为重要的。无论是增加政府透明性、高速有效地回应民主需求或者加强法治，其直接目的均是强化民众对于政府或其他政治机构的支持。或者，正如雷纳特·梅因茨对德国从统治向治理转变过程的论述，统治的失效促使了各类主体互动的治理的兴起，转而寻求各类主体的支持。[3] 而且，在欧洲许多地区，"政权或统治联盟正在经历因合法性的（明显）缺乏而导致的变迁过程"；而对于地方政府而言，其"作为一种多功能的生产和提供服务的机构"，其所受到的支持不断下降，而且"出现了越来越多的具有专门目的的特定群体"以制衡政府权力，比如律师群体以及更为重要的私营企业家群体等。[4]

本研究关注的是地方治理问题，并尝试在治理的"结构—过程"维度对此进行探讨。这主要是基于三个层面的原因。其一，在本研究中，我们尝试

---

[1] R. A. W. Rhodes, "The New Governance: Governing without Government", *Political Studies*, Vol. 44, No. 4, 1996, pp. 652–67.

[2] [美]詹·库伊曼：《治理和治理能力：利用复杂性、动态性和多样性》，周云红译，第218—237页，见俞可平主编：《治理与善治》，社会科学文献出版社2000年版，第218页。

[3] [英]雷纳特·梅因茨：《统治失效与治理能力问题：对一个理论范式的评价》，周红云译，见俞可平主编：《治理与善治》，社会科学文献出版社2000版，第200—217页。

[4] [英]卡洛林·安德鲁，迈克·戈登史密斯：《从地方政府管理到地方治理》，周红云译，见俞可平主编：《治理与善治》，社会科学文献出版社2000年版，第186—187页。

探讨是一个时段内地方财政支出结构与地方治理绩效的关系，二者均是在时间序列上存在动态的变化。其二，在理论层面，财政体制与公众政治支持的因果链条可能比较复杂。虽然有研究探讨过，地方不同导向的财政支出结构与公众的机构信任紧密相关[①]，但若要厘清其中的机制则很可能需要另外一本专著来探讨。其三，在实证层面上，我们则很难获取较长时段内公众政治支持的追踪调查数据（panel survey），并使之与省以下财政收支结构相匹配。因此，为了保证本研究的逻辑严密与研究完整性，并最大化利用追踪数据（panel data）的优势，本研究则主要从"结构—过程"维度来探讨财政结构与地方治理的关系。

（二）对于地方治理绩效的测量

在本研究中，最为核心的变量是地方治理绩效与财政结构，而前者在很大程度上是一个动态的、复杂的与多样的概念。由于政府在我国各层面和各领域的社会生活中至今仍扮演着实质性的决定性作用，在相关研究中，地方治理绩效也通常指地方政府的治理绩效。在规范层面上，有诸多文献直接指向政府公共行政绩效评估，旨在探讨如何建构指标体系或绩效评估。[②] 此外，也有研究在地级市层面利用指标合成来测量地方治理指数，以探讨各地土地出让金依赖程度（即收入结构）如何影响地方治理。[③]

[①] 游宇、张光：《事与愿违：财政支出导向与政治信任》，载《开放时代》，2015年第1期。

[②] 比如，陈昌盛、蔡跃洲：《中国政府公共服务：基本价值取向与综合绩效评估》，载《财政研究》，2007年第6期；范柏乃、朱华：《我国地方政府绩效评价体系的构建和实际测度》，载《政治学研究》，2005年第1期；倪星：《地方政府绩效评估指标的设计与筛选》，载《武汉大学学报（哲学社会科学版）》，2007年第2期；杨宏山：《政府绩效评估的适用领域与目标模式》，载《中国人民大学学报》，2012年第4期；郑志龙：《走向地方治理后的政府绩效评估》，载《中国行政管理》，2009年第1期；卓越：《政府绩效评估指标设计的类型和方法》，载《中国行政管理》，2007年第2期；游宇：《投资驱动、土地依赖与地方治理——基于中国地级市的实证研究（2003—2010）》，载《甘肃行政学院学报》，2014年第5期。

[③] 游宇：《投资驱动、土地依赖与地方治理——基于中国地级市的实证研究（2003—2010）》，载《甘肃行政学院学报》，2014年第5期。

在测量我国的地方治理绩效时，有几个问题需要注意：

第一，有研究将地方治理绩效看成是一种"产出"（outcome）与"成效"（performance），即某一层级的地方政府在管理公共事务与提供公共服务过程中所取得的成绩和效益。① 还有研究也总结，地方治理绩效可以兼顾政治和行政过程中的输入（input）与过程（process）阶段的价值取向。② 如此理解地方治理绩效很可能大而杂、无所不包。因此，我们应当在治理的多元互动基础上理清其内涵。③

第二，我们主要关注的是地方治理绩效，因此投入与过程要素也非本书的焦点，比如各地投入多少配套资金及其使用效率等。当然，除非这种投入本身也是衡量绩效的一部分。而相对于产出，我们更应该关注"影响"，因此，类似于地方生产总值、工业企业利润等要素也不是重点所在。

第三，"结构—过程"维度的地方治理往往是动态性的，在测量时间段内最好可以反映一些重大的政策变迁，如相关的财政、税收政策等。

第四，根据上述对于治理内涵的梳理，笔者认为，地方治理的实质是国家、市场以及社会之间各类主体的互动。就中国的政府主导型社会而言，地方治理的核心在于政府如何处理其与市场和社会主体的关系，以及政府控制自身规模等方面。

基于上述考量，对于治理的"结构—过程"维度的测量，本书选取樊纲等编制的地区市场化指数的相关部分④，并以两种方式来操作化地方治理绩

---

① 倪星：《地方政府绩效评估指标的设计与筛选》，载《武汉大学学报（哲学社会科学版）》，2007年第2期。

② 马得勇、张蕾：《测量治理：国外的研究及其对中国的启示》，载《公共管理学报》，2008年第5期。

③ 在一篇关于政府治理绩效发展方向的理论研究中，郑志龙阐述了这一趋势，即走向地方治理是一个全球性现象，中国地方政府在改革中也开始具有地方治理的特征，逐步由地方政府走向地方治理，因此我们在进行政府治理绩效的研究时理应聚焦于此。参见郑志龙：《走向地方治理后的政府绩效评估》，载《中国行政管理》，2009年第1期。

④ 樊纲、王小鲁、朱恒鹏：《中国市场化指数——各地区市场化相对进程2011年报告》，经济科学出版社2011年版。

效。具体指标见表3-2。①

表3-2 测量地方治理绩效的"结构—过程"维度

1. 政府与市场	
1a 市场分配经济资源比重	各地政府财政预算支出在当地GDP中所占比重（负向）
1b 减轻农民税费负担	抽样调查数据：各地农户税费上缴占家庭纯收入的平均比例
1c 减少政府对企业干预	抽样调查数据：企业主要管理者花在与政府部门和人员打交道的时间占其工作时间比重
1d 减少企业税外负担	抽样调查数据：企业税外负担（收费、摊派等）占销售收入的比例
1e 缩小政府规模	国家机关、政党机关和社会团体年底职工人数占本省总人口的比例（负向）
2. 非国有经济发展	
2a 占工业总产值中比重	非国有经济在工业总产值中的比重
2b 固定资产总投资比重	非国有经济在全社会固定资产投资中所占比重
2c 占城镇总就业人数比重	非国有经济就业人数占城镇总就业人数的比例
5. 中介组织发育和法律（政府与社会）	
5a 市场中介组织的发育	
$5a_1$ 律师人数与当地人口的比例	律师人数/当地人口
$5a_2$ 会计师人数与当地人口的比例	会计师人数/当地人口
5b 对生产者合法权益的保护	经济案件受案数与GDP的比例（负向）
5c 知识产权保护	
$5c_1$ 专利申请受理情况	三种专利申请受理数量/科技人员数

---

① 在此，我们也不得不承认，在变量测量与操作化和观察对象之间，必然会存在误差。除了不可避免的测量误差外，有时候，这种误差还源于我们对于变量在时间序列上的长度与测量层次（如定类、定序还是定比等）上的较高的需要。

(续表)

5. 中介组织发育和法律（政府与社会）	
5c_2 专利申请批准情况	三种专利申请批准数量/科技人员数
5d 消费者权益保护	消费者协会收到的消费者投诉案件数与 GDP 的比例（负向）

资料来源：樊纲、王小鲁、朱恒鹏：《中国市场化指数——各地区市场化相对进程 2011 年报告》，经济科学出版社 2011 年版。

之所以选取上述指标与数据来测量地方治理绩效，主要包括如下几点原因：

首先，这一套数据基本包含了政府如何处理其与市场和社会主体关系的指标，包括：企业主要管理者花在与政府部门和人员打交道的时间占其工作时间比重；企业税外负担（收费、摊派等）占销售收入的比例；消费者投诉案件等），以及重要专业群体（律师、会计等）的增减。有一点需要说明：在国家、社会与市场各个层面均经历着急剧转型的当代中国，虽然各类民间组织的数量在急剧增长，但是其中大部分主要非政府组织（NGO）基本是依托政府成立，甚至在经济上完全依赖于政府。① 然而，自治程度是决定 NGO 具体功能以及其在多大程度上影响政府的关键所在②，因此，我们也并未试图将民间组织的数据额外纳入指标之中③。

其次，"缩小政府规模"（官民比）和第二部分"非国有企业发展"等指标，直接或间接包含了对于政府规模扩张倾向④与软预算约束问题（政府对于

---

① Dickson Bruce J., *Wealth into Power: The Communist Party's Embrace of China's Private Sector*, Cambridge: Cambridge University Press, 2008; Minxin Pei, "Chinese Civic Associations: An Empirical Analysis", *Modern China*, Vol. 24, No. 3, 1998, pp. 285 – 318. 俞可平：《治理与善治》，社会科学文献出版社 2000 年版，第 326—350 页。

② Fisher Julie, *Nongovernments: Ngos and the Political Development Ofthe Third World*, West Hartford, CT: Kumarian Press, 1998.

③ 或者，更为谨慎地说，我们并不清楚民间组织的哪些层面将在何种程度上对地方治理起着正向或负向的作用。

④ Mitchell William C., W. A. Niskanen, "Bureaucracy and Representative Government", *American Political Science Review*, Vol. 68, No. 4, 1974, p. 1775；[美] 威廉姆斯·A. 尼斯坎南：《官僚制与公共经济学》，中国青年出版社 2004 年版。

国有企业不计成本的补贴等)① 的考量。自改革开放以来，鉴于我国地方政府机构的膨胀②与地方政府规模的持续扩张③，以及国有企业自身的低效率及其对民营经济与整个经济体的"增长拖累"④，纳入上述指标对于观察地方治理绩效意义重大。

再次，我们希望可以纳入较长的观察数据，以观测到一些重大政策的变迁。比如，在该数据的覆盖范围内，废除农业税（2002年开始试点、之后逐渐铺开、2006起年全面废除）⑤ 不仅通过统一村镇功能促进了地方基层治理⑥，更为直接的是，"变向"增加了农民收入⑦。而该数据中的"各地农户税费上缴占家庭纯收入的平均比例"则可以在一定程度上体现该政策效应。同时，这套数据覆盖了较长时段（1997—2009年），为我们动态观察地方治理提供了基础。

最后，现有实证研究使用了类似方式和数据来测量地方治理，也为我们提供了支持性证据。比如，雷光勇和王文的研究直接运用了该数据测量地方治理以探讨地方治理对商业银行经营业绩的影响。⑧ 此外，马光荣和李力行在探讨地方政府（县级）对企业所得税逃税的影响时，利用了"企业与政府打交道的时间"以及"每个县企业旅行/娱乐支出占销售额的比重"来测量地方

---

① Kornai Janos, "The Soft Budget Constraint", *Kyklos*, Vol. 39, 1986, pp. 3 - 30.
② 高楠、梁平汉：《为什么政府机构越来越膨胀？——部门利益分化的视角》，载《经济研究》，2015年第9期。
③ 毛捷、管汉晖、林智贤：《经济开放与政府规模——来自历史的新发现（1850—2009）》，载《经济研究》，2015年第7期；庄玉乙、张光：《"利维坦"假说、财政分权与政府规模扩张：基于1997—2009年的省级面板数据分析》，载《公共行政评论》，2012年第4期。
④ 刘瑞明、石磊：《国有企业的双重效率损失与经济增长》，载《经济研究》，2010年第1期。
⑤ 2005年12月29日，第十届全国人大常委会第19次会议经表决决定，《中华人民共和国农业税条例》自2006年1月1日起废止。在此之前，已经在安徽等省的诸多县市开始试行。
⑥ Chen An, "How Has the Abolition of Agricultural Taxes Transformed Village Governance in China? Evidence from Agricultural Regions", *The China Quarterly*, No. 219, 2014, pp. 715 - 735.
⑦ 周黎安、陈烨：《中国农村税费改革的政策效果：基于双重差分模型的估计》，载《经济研究》，2005年第8期。
⑧ 该研究选取该指标的第一方面（政府与市场的关系指数）和第五方面（市场中介组织发育和法律制度环境情况），以简单加权平均来测度地方政府治理水平。见雷光勇、王文：《政府治理、风险承担与商业银行经营业绩》，载《金融研究》，2014年第1期。

治理。① 还有，吴一平与王健在研究转型国家的政治网络对创业的影响时，探讨了"制度环境"的调节作用，而制度环境实质测量的就是经济自由化，即政府如何减少对于市场的干预。② 综合来看，这些研究在测量地方治理或国家治理环境时，其核心均在测量政府如何处理其与市场和社会主体的关系。

基于稳健性与中国现实国情的考虑，本书以两种方式来操作化地方治理绩效：第一种选取该指数的第一方面（政府与市场的关系指数）和第五方面（市场中介组织发育和法律制度环境情况）以加权平均来测度地方治理水平。如前所述，考虑到国企软预算约束等问题，在第二种操作化中，除了樊纲指数中的第一与第五方面外，我们还加入了其第二方面，即"非国有经济发展"，并作加权处理。整体来看，加入"非国有经济发展"的衡量方式（第二种）会比第一种显著偏低，但趋势基本一致（见图3-2）。

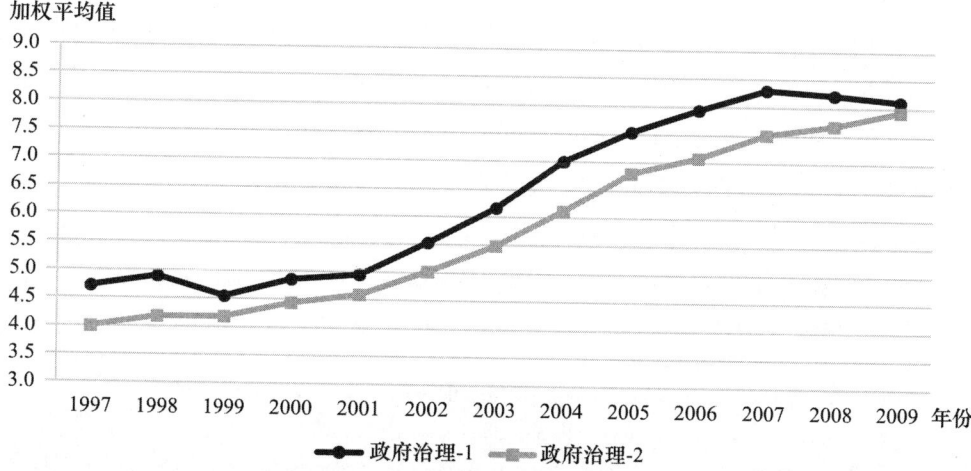

图3-2 地方治理绩效（1997—2009年）

资料来源：经樊纲、王小鲁和朱恒鹏的相关数据处理而成（樊纲、王小鲁、朱恒鹏：《中国市场化指数——各地区市场化相对进程2011年报告》，经济科学出版社2011年版）。

注：地方治理-1为樊纲指数的第一和第五方面的简单加权平均，地方治理-2则为第一、第二与第五等三个部分的加权平均。其中，西藏1997—2000年的相关数据缺失。

---

① 马光荣、李力行：《政府规模，地方治理与企业逃税》，载《世界经济》，2012年第6期。
② 吴一平、王健：《制度环境、政治网络与创业：来自转型国家的证据》，载《经济研究》，2015年第8期。

二、关于财政分权与支出分类

就政府间财政分权而言,财政联邦制文献为地方财政分权提供了学理上的辩护,即不同性质、类别的财税收入与支出应该在不同层级政府之间合理分配以求效率最高,并为次中央政府提供合适的激励。[1] 按照这一思路,以中国为研究背景的财政联邦制文献认为,中国的财政分权给地方政府发展经济的行为带来了强大激励,成为中国经济增长的重要制度基础。[2]

而功能性联邦主义所要解决的是公共部门的纵向结构问题。[3] 就公共支出的功能导向而言,功能性联邦主义等研究认为政府有两个主要目标——发展与再分配。[4] 并且,他们也在财政联邦主义文献基础上明确强调,联邦政府应对再分配任务承担主要责任,同时州和地方政府对发展负主要责任,即中央负责再分配事务、地方专注于经济发展。[5] 从研究意义来看,这些研究的主要目标在于探寻一种有效率的治理之道,即政府间的财政分权结构与支出导向将在很大程度上"形塑"政府的治理绩效。这也为本文的分析提供了基本的理论视角。

---

[1] Musgrave R. A., *The Theory of Public Finance: A Study in Public Economy*, New York: McGraw-Hill, 1959; Oates Wallace E., *Fiscal Federalism*, New York: Harcourt Brace Jovanovich Inc., 1972; Stigler George, *The Tenable Range of Functions of Local Government*, Joint Economic Committee, Subcommittee on Fiscal Policy, Federal expenditure policy for economic growth and stability, Washington, 1957; Tresch Richard W., *Public Finance: a Normative Theory*, Business Publication, Inc., 1981.

[2] Gabriella Montinola, Yingyi Qian, Barry R. Weingast, "Federalism, Chinese Style: The Political Basis for Economic Success in China", *World Politics*, Vol. 48, No. 1, 1995, pp. 50 – 81; Yingyi Qian, Barry R. Weingast, "China's transition to markets: market-preserving federalism, chinese style", *Journal of Economic Policy Reform*, Vol. 1, No. 2, 1996, pp. 149 – 185.

[3] Wallace E. Oates, "An Essay on Fiscal Federalism", *Journal of Economic Literature*, Vol. 37, No. 3, 1999, pp. 1120 – 1149.

[4] Robert J. Barro, "Government Spending in a Simple Model of Endogeneous Growth", *Journal of Political Economy*, Vol. 98, No. 5, 1990, pp. 103 – 125; Michael Keen, Maurice Marchand, "Fiscal competition and the pattern of public spending", *Journal of Public Economics*, Vol. 66, No. 1, 1997, pp. 33 – 53; Paul E. Peterson, *The Price of Federalism*, Washington, D. C.: Brookings Institution Press, 2012.

[5] Paul E. Peterson, *The Price of Federalism*, Washington, D. C.: Brookings Institution Press, 2012.

(一) 财政联邦主义：分权、激励及其负效应

传统的财政联邦制理论（traditional theory of fiscal federalism）① 主要探讨的是政府间权利和义务的合理分配，并至少可以追溯到蒂布特（Charles M. Tiebout）关于"用足投票"和地方政府竞争从而使社会福利最大化的理论研究②。从地方财政存在的必要性这一角度来看，施蒂格勒（George Stigler）从另一侧面论证财政分权的重要性：地方政府存在的必要性至少包括两条基本原则——地方政府在配置资源上的有效性与民众公共服务需求的多样性，因而由地方政府来进行某些资源的配置会比中央政府更有效率。③其提出的"最优分权"理论实质上也在于论证：为了实现资源配置的有效性和分配的公平性，决策与财税责任应该首先在各级政府之间进行有效率的分配。在很大程度上是对于上述施蒂格勒原则的继续，奥茨则详细讨论了其认为的最优政府形式——联邦体制，其中地方政府具有收集民众需求信息的优势，所以分散化提供公共品将更具比较优势，更有助于改善整体社会福利，此即奥茨分权理论。④ 特里西则从中央政府在确定全体民众的边际消费替代率时带有随机性出发，认为由地方政府来提供相应的公共物品可以有利于回避社会风险，以达到社会福利的最大化。⑤

---

① 在奥茨经典的回顾性文章中，其将早期蒂布特、马斯格雷夫及奥茨本人等研究称之为传统财政联邦主义文献，钱颖一等也称之为"第一代财政联邦主义"。参见 Wallace E. Oates, "An Essay on Fiscal Federalism", *Journal of Economic Literature*, Vol. 37, No. 3, 1999, pp. 1120 – 1149; Yingyi Qian, Barry R. Weingast, "Federalism as a Commitment to Perserving Market Incentives", *The Journal of Economic Perspectives*, Vol. 11, No. 4, 1997, pp. 83 – 92.

② Charles M. Tiebout, "A Pure Theory of Local Expenditures", *Journal of Political Economy*, Vol. 64, No. 5, 1956, pp. 416 – 424.

③ Stigler George, *The Tenable Range of Functions of Local Government*, Joint Economic Committee, Subcommittee on Fiscal Policy, Federal expenditure policy for economic growth and stability, Washington, 1957.

④ Oates Wallace E., *Fiscal Federalism*, New York: Harcourt Brace Jovanovich Inc., 1972.

⑤ Tresch Richard W., *Public Finance*: *a Normative Theory*, Business Publication, Inc., 1981.

总体来看，上述研究带有明显的福利经济学特征，往往属于规范性研究，实证性色彩并不浓厚，甚至还略带理想主义特征。此外，在现实的政治实践中，"联邦主义"国家的各级政府间关系的具体制度设计也存在较大差异。如图3－3所示，即使在联邦制国家（尤其是二元联邦制国家），如何有效解决各级政府间可能出现的竞争与不合作，也是各国需要考虑的难题。由此出发，联邦政府、州政府与地方政府不同的权力分享、政策制定与监督操作等制度设计，便构成形式各异的联邦制。

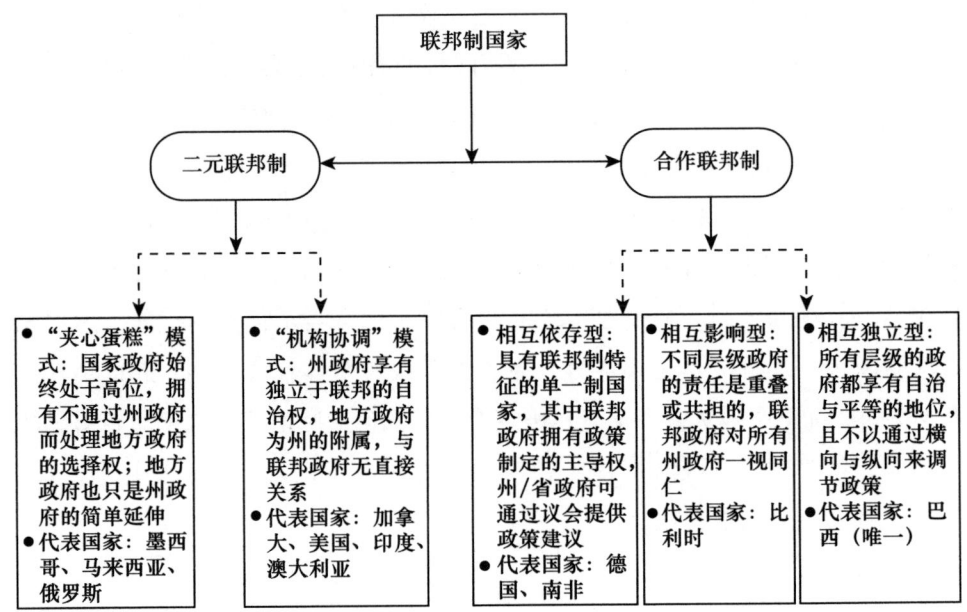

图3－3 联邦制国家的类型学

资料来源：Shah Anwar, "Introduction: Principles of Fiscal Federalism", *The Practice of Fiscal Federalism: Comparative Perspectives*, McGill-Queen's Press-MQUP, 2007.

注：1. 在二元联邦制（dual federalism）下，联邦与州政府的责任是分离并独立的。其中，两级政府共同管理土地和民众；每一级政府至少在一个领域具有自主权；在各自的管辖范围内，每一级政府的自主权都有一定的监督（Riker William H., *Federalism: Origin, operation, significance*, Boston: Little, Brown, 1964.）。2. 除了上述形式外，还有一种竞争联邦制，即所有层级政府之间都存在重叠责任，且都有权从纵向和横向进行调节来满足民众对公共服务的要求。不过，这只是财政联邦制文献所探讨的"极致"类型，现实政治中并未存在（参见Salmon Pierre, "Horizontal Compitition among Governments", *Handbook of Fiscal Federalism*, Edited by Ehtisham Ahmad and Giorgio Brosio, Cheltenham, UK: Edward Elgar, 2006）。

实际上，上述早期的财政联邦主义文献略带理想化的政策指向引来了诸多批评，尤其是这些文献对于（地方）政府过于"仁慈"与"善"的不自觉的假设。① 然而，政府本身可能并不是"仁慈"的，即"为什么政府具备如理论描述那样行动的激励"②；若要形成理想的联邦制度，就必须设定一系列前提条件。这些文献在很大程度上延续了古典自由主义的传统，试图提醒学界和民众回到约翰·洛克（John Locke）等诸多古典哲学家长久以来所担忧的问题：无论何时都不要忘记思考如何限制政府的权力，它们天生便是具备自我扩张的"利维坦"。

其中，布坎南（Brennan）和布伦南（Buchanan）在其公共选择理论的经典著作中，立足于限制政府征税权的角度，从两个方面对传统的财政联邦主义理论提出了批评：第一，传统财政联邦主义理论假定仁慈而高效的专制政府存在，实际上，政府自私而贪婪，其目的就是要达到税收收入最大化；第二，传统财政联邦主义理论忽略了联邦制本身所具有的宪法含义。此外，有效运转的财政分权往往需要一系列制度保障，否则很可能适得其反。③ 伯德（Richard Miler Bird）及其合作者将分权理论推广于前社会主义国家的实证研究则说明了这一点。④ 他们认为，转轨经济体（transition economies）在实施

---

① 此外，值得注意的是，传统财政联邦主义文献"天然"地强调中央与地方的财政分权，即在不同性质、类别的财税收入与支出应该在不同层级政府之间分配以求效率最高。因此，财政联邦制与分税制（即在"收"的一面）存在着极为紧密的关系。正如张千帆在对财政联邦主义与分税制间的关系时所阐述的那样，财政联邦主义要求在对政府之间的职责权限及支出责任进行划分，而税收是政府财政收入的主要来源，对税收在政府间所做的划分，很大程度上决定了各级政府的基本财政收入；实行财政联邦制或其他形式的分级财政体制的国家，一般都采用分税制形式划分中央政府和地方政府的财政收入。参见张千帆：《宪政、法治与经济发展：一个初步的理论框架》，载《同济大学学报（社会科学版）》，2005 年第 2 期。

② Yingyi Qian, Barry R. Weingast, "Federalism as a Commitment to Persevering Market Incentives", *The Journal of Economic Perspectives*, Vol. 11, No. 4, 1997, pp. 83–92.

③ Brennan Geoffrey, James M. Buchanan, *The Power to Tax: Analytic Foundations of a Fiscal Constitution*, Cambridge: Cambridge University Press, 1980.

④ Bird Richard Miller, Robert D. Ebel, and Christine Wallich, *Decentralization of the Socialist State: Intergovernmental Finance in Transition Economies*, Washington, D. C.: World Bank, 1995.

财政分权时，存在着诸多中央与地方在权力和责任上的不对等问题。支出责任逐渐转向次国家政府（sub-national governments），即中央政府一味将财政责任推给地方，同时却没有相应地保障地方的财政收入来源，使得支出与收入的任务无法得到完全的执行，导致了政府间财政的不平衡，并妨碍了财政改革的进一步发展。钱颖一和罗兰（Gerard Roland）则进一步指出财政分权有效运转的制度保障在于联邦主义政策的实施必须是可持续的，而若要使财政联邦主义持续、稳定地发挥作用，必须具备两点：一是必须给中央监督下级政府逃避责任的充分资源，二是地方政府必须具有通过一致反对中央政府滥用权力的监督手段。①

但是，完美的中央与地方（联邦、州与地方）之间的制衡均衡很难达成。温加斯特（Barry R. Weingast）对此进行了经典的论述，即一个经济体的基本政治困境在于：我们需要一个足够强大的政府来保护产权并保障契约的执行，但另一方面，强大到这种程度的政府也可能侵犯公民的财权；因此，我们需要限制政府权力的政治基础。由此出发，作者认为维护市场的联邦主义需要满足如下条件：地方政府对于经济有实现管制的权利；地区间不存在贸易壁垒；地方政府缺乏创造货币或者取得无限信用的能力，也就是地方政府必须面对硬的财政预算约束。②基于此，作者认为18世纪的英国和19世纪至20世纪初的美国都属于这种形式的联邦主义，这种联邦主义促进英国和美国产生了一个繁荣的市场体系；而且，类似于这种联邦主义的制度还为中国大陆自改革开放后15年的高度经济增长奠定了基础。③

在此基础上，钱颖一与温加斯特旗帜鲜明地指出，第一代财政联邦主义理论忽略了政府本身的激励问题（这与新古典的企业理论忽视企业本身

---

① Yingyi Qian, Gérard Roland, "Federalism and the Soft Budget Constraint", *The American Economic Review*, Vol. 88, No. 5, 1998, pp. 1143 – 62.

② Barry R. Weingast, "The Economic Role of Political Institutions: Market-Preserving Federalism and Economic Development", *Journal of Law, Economics&Organization*, Vol. 11, No. 1, 1995, pp. 1 – 31.

③ 基于类似的理论逻辑，温加斯特还论述民主与法制的政治基础，见 Barry R. Weingast," The Political Foundations of Democracy and the Rule of Law", *The American Political Science Review*, Vol. 91, No. 2, 1997, pp. 245 – 263。

相似)①，要解决政府如何提供有效率的公共物品和维护市场的激励这一问题，关键就在于国家的治理结构（the governance structure of the state）②；其中较之与法制、权力的横向制衡以及民主制度等而言，能够应对激励难题的联邦主义——受到新的企业理论影响的第二代财政联邦主义——则是一条有效的解决路径。此外，联邦主义的治理结构需要解决的难题之一便是科尔奈（Janos Kornai）所指出的"软预算约束"问题（the soft budget constraint）。③一般来说，政府必须致力于惩罚经济失败的"负面的"市场激励；如果政府受到诱导去保护那些失败的计划或持续亏损的无效的公共项目，个体并没有激励去避免这些错误或浪费④。麦金农（Ronald I. McKinnon）则进一步考虑了地方政府财政预算硬约束的问题，认为只要地方政府不具有发行货币的权利，而且中央政府不对陷入财政困境的地方政府进行挽救，则发行债券并不会导致地方政府预算的软化；因为在这种情况下，地方政府必须像一个私人借款者一样受到资本市场的检验，并被迫像企业一样负责任地运用这些资金。⑤

钱颖一与温加斯特等人则据此进一步探讨了中国财政分权的激励与政策效果。⑥他们认为财政分权给地方政府发展经济的行为带来了强大激励，是一

---

① Yingyi Qian, Barry R. Weingast, "Federalism as a Commitment to Perserving Market Incentives", *The Journal of Economic Perspectives*, Vol. 11, No. 4, 1997, pp. 83–92.

② 关于这一问题，著名制度经济学加威廉姆斯对此有过详尽的阐述，见 Williamson Oliver E., "The Institutions and Governance of Economic Development and Reform", *The Mechanisms of Governance*, Oxford: Oxford University, 2000。

③ Kornai Janos, "The Soft Budget Constraint", *Kyklos*, Vol. 39, 1986, pp. 3–30. 科尔奈主要论述的是，在社会主义经济当中，社会计划者具有强烈的投资意愿；并且，社会主义经济中的国有企业一旦发生亏损，国家（或政府）常常要追加投资、减税，并提供其他补贴，这便是所谓的预算软约束。

④ Yingyi Qian, Barry R. Weingast, "Federalism as a Commitment to Perserving Market Incentives", *The Journal of Economic Perspectives*, Vol. 11, No. 4, 1997, pp. 83–92.

⑤ McKinnon Ronald I., "Market-Preserving Fiscal Federalism in the American Monetary Union", *Macroeconomic dimensions of public finance: Essays in honour of Vito Tanzi*, No. 5, 1997, p. 73.

⑥ Gabriella Montinola, Yingyi Qian, Barry R. Weingast, "Federalism, Chinese Style: The Political Basis for Economic Success in China", *World Politics*, Vol. 48, No. 1, 1995, pp. 50–81; Yingyi Qian, Barry R. Weingast, "China's transition to markets: market-preserving federalism, chinese style", *Journal of Economic Policy Reform*, Vol. 1, No. 2, 1996, pp. 149–185.

项"找对激励"(getting incentives right)的改革;财政分权改革的意义也不仅仅是一种释放中央财政压力、理顺府际财政关系的权宜之计,更是中国经济增长的重要制度基础。具体而言,中国的经济改革实施了包括财政分权在内的广泛的行政性分权:中央政府把经济的控制权下放到地方政府,使地方政府有可能在规定限额之外获取剩余收入(财政收入的主要部分)。这一制度设计有效激励了地方政府在致力于发展地方经济事务的同时,还会致力于推动市场化进程,从而形成促进经济增长的良性循环。在理论上,他们将企业理论和对政府的激励联系在一起,试图从企业理论的发展中寻求借鉴。企业理论表明,作为经济理性人的经理并不总和股东的利益一致,经营权和所有权分离的现代公司行为目标与利润最大化假定已不完全契合,类似地,具有自身利益的官员也很难总是为全体人民利益着想。公司治理机制有助于避免经理行为偏离利润最大化的目标,政府管理体制的安排也有助于遏制官员的自利行为。[1] 虽然地方政府不可能像企业一样在市场上破产,但可流动资源将增加地方政府经济行为所面临的机会成本。这种类比使得他们认为地方政府竞争显然会像企业之间的竞争一样导致有效率结果的出现。

更进一步,钱颖一和罗兰利用上述竞争与激励等组织理论分析了国有企业软预算约束问题;他们构建了企业、地方政府和中央政府共同参与的三阶段博弈模型,通过对陷入困境的国有企业是否挽救来说明国有企业预算约束的硬化。[2] 他们的研究表明,地方政府对外来投资的竞争及对民营经济发展的关注增加了地方政府挽救失败国有企业的机会成本,从而使得地方政府不进行挽救国有企业的承诺变得可信。而货币主权的集中使得地方政府面临更加硬化的财政预算约束,这进一步增加了地方政府挽救国有企业的成本,这些都使得国有企业面临一个更加硬化的预算环境。此外,在论述中国 M 型结构

---

[1] Yingyi Qian, Barry R. Weingast, "Federalism as a Commitment to Perserving Market Incentives", *The Journal of Economic Perspectives*, Vol. 11, No. 4, 1997, pp. 83 – 92.

[2] Yingyi Qian, Gérard Roland, "Federalism and the Soft Budget Constraint", *The American Economic Review*, Vol. 88, No. 5, 1998, pp. 1143 – 1162.

一文①的基础上，钱颖一等进一步从组织理论的角度分析了中国和东欧经济转型的差异②。他们认为东欧各国的经济结构具有更高的内部分工结构，经济活动是按照职能部门条形组织起来的，每一部分都影响着整体经济的运行，而在中国，经济是按照行政区域形成的块状形式组织起来的，每一部分都可以相对独立地运行，也可以说前者更接近U型组织而后者更接近M型组织。当需要进行改革时，前者需要各组成部分更密切地配合，也必须整体地推进，因为任何一部分的"功能不良"都可能导致整个体系的崩溃；而后者则可以进行地方试验和逐步推进，因为任何一部分的改善或恶化都很难动摇整体的格局。这种对比意味着政府内部的分工和组织对于经济改革的路径选择是极其重要的。③

虽然第二代财政联邦主义试图通过组织理论解决政府实施市场维护型的联邦主义的激励问题，但这一理论更多将政府视为一个"黑箱"。这使得该理论在一定程度上缺乏"微观基础"。④ 除此之外，根据杨其静和聂辉华对市场维护型的联邦主义的系统批判，这一理论难以全面地理解中央政府在整个国家政治经

---

① Qian, Yingyi, Chenggang Xu, "Why China's Economic Reforms Differ: The M-Form Hierarchy and Entry/Expansion of the Non-State Sector", *Economics of Transition*, No. 1, 1993, pp. 135 – 170.

② Yingyi Qian, Gérard Roland, Chenggang Xu, "Why is China different from Eastern Europe? Perspectives from organization theory", *European Economic Review*, Vol. 43, No. 4, 1999, pp. 1085 – 1094.

③ 值得一提的是，相关研究（Ekaterina V. Zhuravskaya, "Incentives to provide local public goods: fiscal federalism, Russian style", *Journal of Public Economics*, Vol. 76, No. 3, 2000, pp. 337 – 368.）也借鉴上述理论，从财政激励的角度分析了俄罗斯转型中的经济增长问题。作者认为，俄罗斯的地方政府缺乏培育税基的动力，而这是因为地方政府在财政上过度依赖上级政府，地方政府从税基培育中获得的收益都被财政收入分享体制内的变化抵消掉了，这使得地方政府既没有动力采取有效的干预也没有动力改善公共品的供应。

④ 根据刘骥（刘骥：《找到微观基础——公共选择理论的中国困境》，载《开放时代》，2009年第1期）的归纳与阐述，"微观基础"的核心是"经济人假设"，但二者的含义在学理上略有区别，"经济人假设"只是理论构建的基本前提，而"微观基础"则是与"宏观解释"相提并论的；后者往往强调该理论或研究应该从个体层面的经济人假设出发，去演绎推导出最后体现在社会宏观层面上的行为结果。这一点在研究是极为重要的，因为在任何以某群体或组织为分析单位时，都必须首先面对集体行动困境这一难题。对此，正如Green和Shapiro（Green Donald P., Ian Shapiro, *Pathologies of Rational Choice Theory: A Critique of Applications in Political Science*, New Haven, Conn.: Yale University Press, 1994.）所批判的那样，由于忽视了微观基础的逻辑，传统政治科学家往往以错误的方式去研究正确的现象。

济生活中的作用;忽视了分权有效的必要条件;难以分析分权的负效应,进而无法分析最优的政府间分权、政府层级和分权路径等重大问题。[1] 换言之,财政分权可能会提高某些公共物品的供给效率,但也很可能使得国家整体目标受损;这便需要各级政府间关于政策合作的宏观结构与制度建设[2]。就中国这一案例而言,向下放权的正、负效应似乎都被无限地放大:一方面,分权、分利以及由于制度、法律缺失所存在的寻租空间,无疑极大促进了经济上的高速增长;另一方面,整体上的财政支出不平衡结构等伴随经济腾飞的"负作用"又损害了国家的整体目标,如公平、环境保护以及更大意义上的可持续发展[3]。总之,正如普鲁多姆(Prud' Homme)关于分权危险的研究所表明的那样,在诸多情况下,某项公共服务应该由中央、区域性政府或者地方政府来提供并不应该是我们关注的焦点,我们应该关注的是,如何组织各级政府来对此项服务提供联合供给。[4]

(二) 功能性联邦主义:支出分类的政府比较优势

在很大程度上,功能性联邦主义理论是奠基于上述财政联邦主义文献。如果说财政联邦主义试图论证财政资源在各级政府间的纵向分配,那功能性联邦主义则关注,根据各级政府的主要特征判断其所擅长的公共服务领域供给领域何在,即各级政府应该提供何种公共物品、应该征收多少比重的何种税收,以及何时需要一个何种性质的转移支付体系。[5]

---

[1] 杨其静、聂辉华:《保护市场的联邦主义及其批判:基于文献的一个思考》,载《经济研究》,2008年第3期。

[2] Boadway Robin, "Inter-Governmental Fiscal Relations: The Facilitator of Fiscal Decentralization", *Constitutional Political Economy*, Vol. 12, 2001, pp. 93 – 121.

[3] 陈诗一、张军:《中国地方政府财政支出效率研究:1978—2005》,载《中国社会科学》,2008年第4期;方红生、张军:《中国地方政府竞争,预算软约束与扩张偏向的财政行为》,载《经济研究》,2009年第12期。

[4] Prud' Homme Remy, "The Dangers of Decentralization", *The world bank research observer*, No. 10, 1995, pp. 201 – 220.

[5] 孔卫拿、张光:《功能性联邦主义的中国形态及其代价》,载《公共行政评论》,2013年第5期。

就公共支出的功能导向而言，功能性联邦主义等研究认为政府有两个主要目标——发展与再分配。① 由于不同政府层级在责任大小、目标差异和提供能力上的差异，相应的政府层级需要有不同的支出重点以实现效率与善治。例如，如表3-3所归纳的那样，在类似于美国的联邦体制下，联邦政府应对再分配任务承担主要责任，同时州和地方政府对发展负主要责任，即中央负责再分配事务、州和地方专注于经济发展。② 这主要是因为，州和地方政府对辖区内的民众偏好拥有信息优势（传统财政联邦主义的经典理论），可以发挥必要的调整功能，以及在规划与财政支持方面的必要角色；而联邦政府则在劳动力与资本流动上受到较小的约束，且在将负外部性行为内部化方面具有天然的优势与不可推卸的责任，故而其在再分配政策的设计与实施上作用重大。在很大程度上，这与马斯格雷夫（Richard Abel Musgrave）政府经济职能的类型学③以及奥茨（Wallace Oates）关于联邦政府的经济稳定论④是一脉相承的。当然，这不仅仅是一种规范理论，更是一种经验理论。⑤

表3-3　联邦主义的功能理论

	发展性政策	再分配政策
意涵	发展性政策的主要目标在于提供必要的经济和社会基础设施，以促进一个国家的经济发展，包括公路、大型集成运输系统、公共卫生系统、公园以及其他种类的基础公用设施	再分配政策则旨在，将社会经济资源从那些在经济发展中获利最多的群体向那些获利较少的群体（如老年人、残疾人及穷人）转移，具有明显的"杀富济贫"特征

---

① Barro Robert J., "Government spending in a simple model of endogenous growth", *Journal of political economy*, Vol. 98, No. 5, 1990, pp. 103 – 125; Keen Michael, Maurice Marchand, "Fiscal Competition and the Pattern of Public Spending", *Journal of Public Economics*, Vol. 66, 1997, pp. 33 – 53; Paul E. Peterson, *The Price of Federalism*, Washington, D. C.: Brookings Institution Press, 2012.

② Paul E. Peterson, *The Price of Federalism*, Washington, D. C.: Brookings Institution Press, 2012.

③ Musgrave R. A., *The Theory of Public Finance: A Study in Public Economy*, New York: McGraw-Hill, 1959.

④ Oates W. E., *Fiscal Federalism*, New York: Harcourt Brace Jovanovich, 1972.

⑤ Peterson Paul E., *City Limits*, Chicago: The University of Chicago Press, 1981; Paul Brace, *State Government and Economic Performance*, Baltimore: John Hopkins University Press, 1993; Paul E. Peterson, Barry G. Rabe, Kenneth K. Wong, *When Federalism Works*, Washington D. C.: The Brookings Institution, 1986.

（续表）

	发展性政策	再分配政策
州政府的作用	州政府被认为是为经济发展提供必要的社会和物质基础设施服务的重要参与者，但也必须为环境污染等跨区域等问题承担责任	总体来看，州政府在处理再分配问题方面的能力远逊于联邦政府，但要强于地方政府。这主要因为，劳动力和资本主要是在经济与政治一体化的国家与州之间流动。但是，州政府也要受到劳动力与资本流动的限制
联邦政府的作用	总体来说，联邦政府是非常低效的发展政策制定者，此外，其为发展提供的基础设施趋于单一。而有些政策则只有联邦政府来制定才能有效实施	联邦政府是最有能力实施再分配政策的机构，因为其可以对外来移民和资本流动进行管制

资料来源：参见 Paul E. Peterson, *The Price of Federalism*, Washington, D.C.: Brookings Institution Press, 2012。

进一步而言，上述政府间的功能划分必须遵循税收的职责划分，"因为税收配置是由不同层级政府的支出要求所决定的，在此之前无法做出任何决定"；同时，在支出分权时，应注重收入分权，以便州和地方政府并不完全依赖联邦政府的有条件补贴。[①] 简言之，其原则可以归纳为：以收定支，收支平衡。

在税收配置原则上，影响内部统一市场效率的移动要素和交易产品（出于经济效率考虑）、渐进再分配税收（出于保证国家权益考虑）应当归联邦政府征管；降低行政成本和潜在逃税最小化等标准使得物业、土地和增值税都是地方税的最佳选择；此外，财政需求或收入充足等标准则表明，责任、征税能力应尽可能与支出需求相配套。[②] 这些原则便基本形成了如表3-4所示的税收的代表性配置。

[①] Shah Anwar, "Introduction: Principles of Fiscal Federalism", *The Practice of Fiscal Federalism: Comparative Perspectives*, McGill-Queen's Press-MQUP, 2007, p.9.

[②] Ibid., p.13.

表 3-4 税收权力的代表性分配

税种	取决于		征管	注释
	税基	税率		
关税	N	N	N	国际贸易税收
企业所得税	N, U	N, U	N, U	要素流动,稳定工具
资源税				
资源租赁税(利润、收入)	N	N	N	高度分配不均的税基
特许权使用、专业服务、一般服务等费用	S, L	S, L	S, L, P	州—地方服务的利税/费
养护费用	S, L	S, L	S, L, P	保护地方环境
个人所得税	N	N, S, L	N	再分配,流动要素;稳定工具
财产税	N	N, S	N	再分配
工资税	N, S	N, S	N, S	利润费,如社会保险覆盖
多层级销售税(增值税)	N	N, S	N, S	根据联邦分配来调整的边缘税种;潜在的稳定工具
单层级销售税(制造、批发与零售)				
选项 A	S	S, L	S, L	高度依赖成本
选项 B	N	S	N	均等化,依赖成本较低
"罪恶"税				
烟酒税	N, S	N, S	N, S, P	分担医疗支出责任
赌博税	S, L	S, L	S, L, P	州和地方职责
彩票税	S, L	S, L	S, L, P	州和地方职责
赛道税	S, L	S, L	S, L, P	州和地方职责
对污染征税 (taxation of "bads")				
碳税	N, U	N, U	N, U	防治全球/国内污染
热量税	N, S, L	N, S, L	N, S, L, P	可能对国家、地区或地方造成污染

(续表)

税种	取决于		征管	注释
	税基	税率		
燃油税	N, S, L	N, S, L	N, S, L, P	处理联邦/州/地方公路的工具
排污税	N, S, L	N, S, L	N, S, L, P	为处理州际、政府间或地方相关事务的税收
拥堵费	N, S, L	N, S, L	N, S, L, P	处理联邦/州/地方公路的工具
停车费	L	L	L, P	控制地方拥堵
机动车				
机动车注册费、流转税、年费	S	S	S	州政府责任
司机的厨师和费用	S	S	S	州政府责任
营业税	S	S	S	利税
消费税	S, L	S, L	S, L	居民导向性税收
物业税	S	L	L	完全无流动要素
土地税	S	L	L	完全无流动要素
增值认购税	S, L	L	L	收回成本
人头税	N, S, L	N, S, L	N, S, L	为服务付款
使用费	N, S, L	N, S, L	N, S, L, P	为得到的服务付款

资料来源：Shah Anwar,"Introduction: Principles of Fiscal Federalism", *The Practice of Fiscal Federalism: Comparative Perspectives*, McGill-Queen's Press-MQUP, 2007, p: 22-23.

注：U 代表超国家机构；N 表示国家/联邦；S 表示州或省；L 表示市或地方；P 表示私人。

如表 3-5 所示，在"以收定支"基础上，各级政府的支出责任还要兼顾诸多原则，如财政效率、地区均等化、维持内部统市场、经济稳定等。此外，联邦政府和州政府可以通过配套性的转移支付分别对州政府和地方政府的优先权产生影响，从而使低层级政府贯彻自己的意图。同时，因为大多数公共服务基本是由两层级或多层级政府来共同提供，故而，如何清晰、准确地划分各层级政府的支出责任便显得尤为重要。这也表明，在多数国家普遍实施财政联邦制的情况下，关键的制度设计在于如何划分各级政府职责，避免模糊的制度建构。

表3-5 支出责任的代表性分配

功能	制定政策、标准与监督	提供服务与管理	生产和分配	注释
解决区域冲突和国际冲突	U	U	N, P	国际范围内的成本和效益
保护基本权利	U, N	N	N, P	包括国内和全球两个维度
对外贸易	U	U, N, S	P	国际范围内的成本和效益
通信	U, N	P	P	包括国内和全球两个维度
金融	U, N	P	P	包括国内和全球两个维度
环境	U, N, S, L	U, N, S, L	N, S, L, P	全球、国内、州和地方范围内的外部环境
外国直接投资	N, L	L	P	当地基础设施建设的关键
国防	N	N	N, P	国家范围内的成本与效益
外事	N	N	N	国家范围内的成本与效益
货币政策、货币流通和银行	U, ICB	ICB	ICB, P	关键是独立于所有层级的机构；受到国际规则的约束
州际贸易	宪法, N	N	P	宪法保护要素和产品流动
移民	U, N	N	N	U 负责强迫驱逐出境
转移支付	N	N	N	再分配
刑事与民事法律	N, S	N, S	N, S	法律法规需要联邦政府而非州政府的特别关注
工业政策	N	N	P	防治"以邻为壑"政策效应的出现
管制	N, S, L	N, S, L	N, S, L, P	N 负责内部统一；S 和 L 负责地区和地方

(续表)

功能	制定政策、标准与监督	提供服务与管理	生产和分配	注释
财政政策	N	N, S, L	N, S, L, P	保留调整的空间
国家资源	N, S, L	N, S, L	N, S, L, P	保障地区平等和内部统一市场
教育、医疗和社会福利	N, S, L	S, L	S, L, P	专项转移支付
高速公路	N, S, L	N, S, L	S, L, P	不同地区的成本和收益
公园和娱乐设施	N, S, L	N, S, L	N, S, L, P	不同地区的成本和收益
治安	S, L	S, L	S, L	仅对地方有利
供水、排水、垃圾处理与消防	L	L	L, P	仅对地方有利

资料来源：Shah Anwar, "Introduction: Principles of Fiscal Federalism", *The Practice of Fiscal Federalism: Comparative Perspectives*, McGill-Queen's Press-MQUP, 2007, pp. 14-15.

注：U 表示超国家责任；ICB 表示独立央行；N 表示联邦政府；S 表示州或省政府；L 表示地方政府；P 表示非政府部门或者公民社会。

三、次国家财力分布的省际差异及其影响

在学界，关于中央集权与地方治权、激励的问题，是政治经济学、法学等领域经久不衰的论题。其中，威廉·瑞克（William Riker）基于美国历史对于联邦制的理论探讨是早期最为经典的文献之一：通过归纳和演绎关于理性行为者在建构联邦协议和在一定联邦制度下做出的政治决策，作者发展和检验了一系列假设。[1] 这些假设不仅成为作者今后诸多研究的基础[2]，也在一定

---

[1] Riker William, *Federalism: Origin, Operation, Significance*, Boston: Little, Brown, 1964.

[2] 比如，Riker William H., *The Development of American Federalism*, Boston: Kluwer Academic Publishers, 1987。

程度上激发了其他的探讨①。当然，这其中也包括上述对于中国财政体制改革的探讨。

即使在中华人民共和国成立初期的统收统支时代，中央与地方的财政关系也在高度计划中经历了两次大分权。② 改革开放以来，20 世纪 80 年代到 90 年代初期十余年的"分灶吃饭"体制，则是新中国历史上最为纷繁复杂的中央与地方财政关系时代。以分税制之前的包干制为例（见表 3-6）：经历 1980—1984 年、1985—1987 年两轮大包干之后，在第三轮（1988—1993 年）包干制中，中央与省的收入分享模式（包干形式）多达六种，而且每种大类中各省还存在一定差异；同时，一部分省份长期扮演向中央上解财政收入的角色，而另一部分省份则处于接受中央财政补助的位置。③ 之后，随着"两大比重"（国家财政收入占 GDP 比重与中央财政收入占总收入比重）不断下降，为了获取稳定且可以掌控地方政府行为的财源，中央意识到以统一规范的中央与地方之间的收入分享体制替代之前财政包干制势在必行，因此，分税制体制则应运而生。

表 3-6　1988—1993 年财政包干体制

包干形式	地区
收入递增	实行地区、留成比例和收入递增率
	北京市 50% 和 4%；河北省 70% 和 4.5%；辽宁省（不含沈阳市和大连市）58.25% 和 3.5%；沈阳市 30.29% 和 4%；哈尔滨市 45% 和 5%；江苏省 41% 和 5%；浙江省（不含宁波市）61.47% 和 6.5%；宁波市 27.93% 和 5.3%；河南省 80% 和 5%；重庆市 33.5% 和 4%

---

① Enikolopov Ruben, Ekaterina Zhuravskaya, "Decentralization and Political Institutions", *Journal of Public Economics*, No. 91, 2007, pp. 2261-2290.

② 贾康、赵全厚：《中国财政通史（当代卷）》，中国财政经济出版社 2006 年版；朱红琼：《中央与地方财政关系及其变迁史》，经济科学出版社 2008 年版。

③ 因此，如此"丰富多彩"的故事为学界讨论中国的财政分权提供了足够吸引人的素材。参见彭健：《中国政府预算制度的演进（1949—2006 年）》，载《中国经济史研究》，2008 年第 3 期；项怀诚：《中国财政体制改革六十年》，载《预算管理与会计》，2009 年第 10 期。

(续表)

包干形式	地区
总额分成	实行地区、留成比例
	天津市 46.5%；山西省 87.55%；安徽省 77.5%
总额分成加增长分成	实行地区、留成比例和增长分成比例
	大连市 27.74% 和 27.26%；青岛市 16% 和 36%；武汉市 17% 和 25%
上解额递增包干	实行地区、上解基数和递增比例
	广东省 14.13 亿元和 9%；湖南省 8 亿元和 7%
定额上解	实行地区、上解额
	上海市 105 亿元；山东省（不含青岛市）2.89 亿元；黑龙江省（不含哈尔滨市）2.99 亿元
定额补助	实行地区、补助额
	吉林省 1.25 亿元；江西省 0.45 亿元；福建省 0.5 亿元（1989 年开始执行）；陕西省 1.2 亿元；甘肃省 1.25 亿元；海南省 1.38 亿元；内蒙古自治区 18.42 亿元；广西壮族自治区 6.08 亿元；贵州省 7.42 亿元；云南省 6.73 亿元；西藏自治区 8.98 亿元；青海省 6.56 亿元；宁夏回族自治区 5.33 亿元；新疆维吾尔自治区 15.29 亿元；湖北省（不含武汉市）按当年武汉市决算收入的 4.78% 给予补助；四川省（不含重庆市）按当年重庆市决算收入的 10.7% 给予补助

资料来源：李萍：《中国政府间财政关系图解》，中国财政经济出版社 2006 年版，第 19—20 页。

在此背景下，学者更多关注的是，在财政"分灶吃饭"体制下中央与地方政府间财政分权的规范分析（如上述第二代财政联邦主义学者），或者讨论分权的一系列影响（如经济增长等）。而在分税制后，中国的地方财政体制则实际上是一种"嵌套型"的制度，即类似"下管一级"的干部管理体制，中央主要制定中央与省之间的规范与制度，而省再根据各省具体情况确定省与其管辖的地级市以及部分县（如浙江）的财政管理体制等，并照此类推。① 在此制度设计下，各省根据自身的地域与聚居人群特征、大包干时代的分配原则与传统以及财源基础等诸多考虑，逐渐形成了差异较大的省以下财政体制。因此，相对于中央与省之间的财政关系，我国的地方财政体制则是一个内部差异更大、要素更为丰富的"故事集"。其中，本书的关注点之一便是建立在地方财力基础之上的公共支出及其影响。

（一）省以下收入分享的省际差异

一般而言，中央对于地方的主要约束策略便是控制地方的财力。具体而言，按照现行财政结算口径，本书的财力指的是，地方政府可用于安排一般预算支出的可用财力，即地方本级收入、税收返还收入和转移支付部分（一般指财力转移支付）。

按照经济合作与发展组织（OECD）对于地方政府资金来源的划分，地方政府收入来源主要包括三种，即自主税收（autonomous tax）、税收分享（tax sharing）和政府间转移支付（intergovernmental grants）②；通常情况下，地方政府对自主税收的收与支均拥有自由裁量权，仅拥有税收分享部分的支出权力并影响分享方案，而无权决定转移支付分配方案、仅拥有部分转移支付收入的支出权力（见表3-7）。因此，从地方政府对于各类收入的收支裁量权大小来看，自主税收最大，税收分享次之，而转移支付最小。而相关研究对OECD成员次中央层面的上述三类收入高低的对比分析也发现，在地方收入组成中，自主税收和税收分享可能存在较低的情况，但转移支付的收入比重均

---

① 其政策依据便是国务院的明确授权（见《中华人民共和国预算法实施条例》），即县级以上地方各级政府应当根据中央和地方分税制的原则和上级政府的有关规定，确定本级政府对下级政府的财政管理体制。同时，金融/银行资源也从属地管理为主变到垂直管理为主，银行逐渐在经济转型中成为以市场和利润导向为主的经济主体，大型商业银行也日益成为中央政府调节宏观经济的重要工具，地方城市商业银行则成为地方政府信贷的重要来源。

② 经济合作与发展组织（OECD）：《中国公共支出面临的挑战：通往更有效和公平之路》，清华大学出版社2006年版。

在中等以上。①由此说明，在这些国家和地区中，来自中央的转移支付往往成为地方政府的主要收入来源，也成为中央调控区域发展平衡、地方治理的可持续性以及管控地方政府行为等的重要工具。

表3-7 地方政府资金来源的分类

收入种类	含义	收入数量方面	收支权力方面
自主税收	地方政府对自主税收的相关税种的税率和税基都具有相当自由裁量权	收入的数量取决于税制设计和地方经济状况	地方政府拥有决定税率、税基等要素的相关权力；地方政府拥有完全的支出权力
税收分享	税收分享是指，税收的基本设置权力（税率和税基）归中央所有，地方政府则依据相关法律和规则获取相应税种的部分收入；这种分配规则可能是中央与地方协商的结果	收入的数量取决于分享方案的设计，有时也受地方经济状况影响	地方政府无法决定税制设计，但可能在一定程度上影响税收分享方案；地方政府基本拥有支出权力
政府间转移支付	政府间转移支付则指地方政府通过中央的相关渠道获得的各项财政资金支付，这类资金的分配权力往往集中于中央政府，而且，相当部分的转移支付资金的使用也在很大程度上由中央政府决定（专项转移支付）	收入的数量取决于转移支付方案的设计，低收入地区往往获得更多的收入（再分配性质）	地方政府基本不具有正式制度赋予的决定转移支付方案的权力；地方政府拥有部分转移支付的支出权力，但对指定用途转移支付，地方政府无法决定其使用方向

资料来源：Hansjörg Blöchliger, Oliver Petzold, *Taxes and Grants: On the Revenue Mix of Sub-Central Governments*, OECD Publishing, 2009; Robin Boadway, Anwar Shah, *Intergovernmental Fiscal Transfers: Principles and Practices*, Washington D. C.: World Bank, 2007; 李文：《地方政府收入结构与地方政府有效治理》，载《公共经济与政策研究》，2015年第2期。

注：这里的地方政府指中央以下的地方政府（Sub-national levels of government），通常情况下特指州政府或省政府；资金来源主要指规范的税收收入，不包括非税收入。

---

① 参见 Claire Charbit, *Explaining the Sub-National Tax-Grants Balance in OECD Countries*, OECD Publishing, 2010。

除了自主税收外,我国的地方政府收入大致符合上述分类。由于地方政府在税收要素(税率、税基等)方面几乎没有裁量权,因此,其在收入方面并无严格意义的自主税收。如果宽泛地理解,地方政府的本级固定收入则基本可以理解为自主税收,其包括除去上解或下放给其他层级政府之外的税收。就中央与各省而言,根据国务院所颁布的关于税收分配的重要文件①,中央固定收入包括关税、海关代征消费税、75%的增值税、消费税、中央企业所得税和利润上缴等,以及2002年后的企业和个人所得税(开始为中央与地方五五分成,2003年后为六四分成);地方固定收入包括营业税、地方企业所得税、个人所得税、契税、土地增值税等的相应部分。在地方政府的收入中,其在省本级与省以下的分成情况虽然各不相同,但也基本延续了中央与省之间的收入分享的基本方式。

表3-8则是对省级税收分成概况的梳理(不包括香港、澳门、台湾、北京和西藏的数据)。就分成基本方式来看,与中央与省的分税制方式一致,大部分省份均选择按照税种分成的方式来安排省以下的财力基本分布。此外,江苏、福建则采用以20%为基础的总额分成方式,浙江是增量分成(省本级财政集中地方财政收入增量的20%与税收返还增量的20%),而辽宁则在2010年开始采取了按基期年比率上解省级财力、一市一率的分成方式。

可以看出,在后分税制时代,全国大部分采取了中央与省之间实施的按税种分成的税收分享体制,也有若干省份的省以下财政分成体制延续着财政包干制时期的特征。其中,在表3-8的26个按照税种分成的省份中(包括2010年前的辽宁省),多数省份选择将个人所得税(22个)、企业所得税(21个)、营业税(18个)、增值税(16个)作为分享税种,还有少数省份选择了资源税(9个)以及非税收入作为省以下收入分享的来源。

---

① 这些文件包括:国务院:《关于实行分税制财政管理体制的决定》,国发〔1993〕85号;国务院:《国务院关于印发所得税收入分享改革方案的通知》,国发〔2001〕27号;国务院:《国务院关于明确中央与地方所得税收入分享比例的通知》,国发〔2003〕26号。

表3-8 各省省级税收分成概况

地区	现行体制颁布年份	主要税种的省级分成税种	省级主要分成税种的分成比例				
			增值税省级分成比例	营业税省级分成比例	企业所得税省级分成比例	个人所得税省级分成比例	其他税或费
江苏	2001	—	—	—	—	—	—
福建	2002	—	—	—	—	—	—
浙江	2003	—	—	—	—	—	—
山东	2005	营业税、企业所得税、个人所得税	—	20%	8%	15%	新增土地有偿出让收入5%
广东	1995	营业税、企业所得税、个人所得税、土地增值税	—	40%	16%	16%	土地增值税40%
辽宁	2003	增值税、营业税、企业所得税、个人所得税、房产税	10%	30%	20%	15%	房产税50%
辽宁	2010	—	各市按基期比率上解省财力,一市一率	—	—	—	—
山西	2002	增值税、营业税、企业所得税、个人所得税、资源税、城镇土地使用税	8.75%	35%	14%	14%	资源税35%、城镇土地使用税35%
吉林	2004	增值税、营业税、企业所得税、个人所得税	12.50%	50%	16%	16%	—
黑龙江	2006	营业税	—	50%	—	—	—
安徽	2004	企业所得税、个人所得税	—	—	15%	15%	—

(续表)

地区	现行体制颁布年份	主要税种的省级分成税种	省级主要分成税种的分成比例				
			增值税省级分成比例	营业税省级分成比例	企业所得税省级分成比例	个人所得税省级分成比例	其他税或费
江西	2003	资源税、城镇土地使用税、印花税、土地增值税、个人所得税、房产税	—	—	—	16%	资源税、城镇土地使用税、印花税、土地增值税、房产税2002年存量的40%
河南	2004	营业税、企业所得税、个人所得税增量省级分成	—	增量分成20%	增量分成20%	增量分成20%	—
湖北	2002	增值税、营业税、企业所得税、个人所得税	8%	30%	15%	15%	城建税、耕地占用税、城镇土地使用税、印花税、资源税、固定资产投资方向调节税、城市教育费附加7种实施定额上缴
湖南	1994	资源税、城镇土地使用税、土地增值税、个人所得税、企业所得税	—	—	12%	12%	资源税、土地增值税、城镇土地使用税50%
海南	2002	增值税、营业税、企业所得税、个人所得税	6.25%	25%	10%	10%	—
河北	2005	增值税、营业税、企业所得税、个人所得税、排污费	10%	10%	20%	10%	排污费10%
四川	2000	增值税、营业税、个人所得税、资源税、城镇土地使用税、房产税、印花税、契税	8.75%	35%	—	14%	资源税、城镇土地使用税、房产税、印花税、契税35%

55

(续表)

地区	现行体制颁布年份	主要税种的省级分成税种	省级主要分成税种的分成比例				
			增值税省级分成比例	营业税省级分成比例	企业所得税省级分成比例	个人所得税省级分成比例	其他税或费
贵州	2004	增值税、资源税、城镇土地使用税	10%	—	—	—	资源税、城镇土地使用税30%
云南	2005	企业所得税、个人所得税、耕地占用税、卷烟企业市县的教育费附加收入	—	—	24%	24%	耕地占用税30%、卷烟企业实现的教育费附加60%
陕西	2004	增值税、营业税、城镇土地使用税、房产税、资源税	7.50%	30%	20%	20%	城镇土地使用税、房产税、资源税30%
甘肃	2003	增值税、营业税、企业所得税、个人所得税	经济条件好的地市集中17.5%、其他地市集中5%	30%	20%	20%	—
青海	2004	增值税	12.50%	—	—	—	资源税、耕地占用税、土地使用税、固定资产投资方向调节税、外商企业所得税定额上缴（1997年基数）
宁夏	1995	企业所得税、个人所得税、房产税、资源税、土地使用税	—	—	20%	20%	房产税30%、资源税50%
新疆	2004	资源税	—	—	—	—	资源税75%
广西	2005	增值税、营业税、企业所得税、个人所得税	8%	40%	10%	15%	—

(续表)

地区	现行体制颁布年份	主要税种的省级分成税种	省级主要分成税种的分成比例				
			增值税省级分成比例	营业税省级分成比例	企业所得税省级分成比例	个人所得税省级分成比例	其他税或费
内蒙古	2006	增值税、营业税、企业所得税、个人所得税、资源税	5%	20%	8%	8%	资源税20%
天津	2003 2004	天津的市级固定收入包含大部分行业与主要国企的增值税（25%部分）、营业税、企业所得税与个人所得税的地方分享部分，市与区县分享收入则包括各类纳税人缴纳的增值税（25%部分）、营业税、企业所得税、个人所得税等收入的50%。2004年又提高区县分享比率，由原来的五五分成改为按25∶75比例分享，调整后增值税中央、市、区县分享比例为75∶6.25∶18.75，企业所得税则为60∶10∶30，并将部分城市维护建设税和教育费附加改为区县固定收入					
上海	2005	增值税、营业税、城建税、企业所得税、个人所得税实行市区两级分享	40%	40%	40%	30%	城建税40%，契税15%，城镇土地使用税、教育费附加、耕地占用税和利息所得税（地方部分）
重庆	2003	重庆是最大的直辖市，所辖区县较多，市与区县的分成视区县具体情况而定，主要按照主城区（主城九区外加2个开发区）、郊区县以及郊区县中的少数民族、经济落后区县来制定分成比重：一般而言，市与主城区的主要税种按照六四分成，与郊区县按照四六分成，经济落后甚至不参与分成。具体见《重庆市人民政府关于完善对区县（自治县、市）财政管理体制的通知》（2003）					

资料来源：主要基于财政部预算司（财政部：《中国省以下财政体制》，中国财政经济出版社2007年版）所收集的省（直辖市、自治区）的省以下财政体制文件进行归纳，大部分地区的文件沿用至2011年；部分转引自张立承（张立承：《省对下财政体制研究》，经济科学出版社2011年版）的整理和归纳。

注：1. 至2010年底，江苏、浙江、福建三省采用总额分成的体制，总额分成的比例是20%，其中浙江是增量分成；2. 2010年辽宁省颁布《辽宁省人民政府关于调整省市财政管理体制的决定》也开始将省级共享税收全部下划到市县，并实施总额分成，某市上解比例＝某市基期年上划省级共享税收基数/某市基期年省市共享税收基数×100%。3. 由于直辖市的市级政府兼具一般"省级"和"地级"政府的功能，其与下属区县级的分配情况则更为复杂，故做一般概述；北京的具体分成情况不详。4. 部分计划单列市也有类似的财政体制文件，在此不做单独概述。

这主要表明，以收入稳定、增长快速的所得税与流转税类主体税种作为省与省以下收入分配的来源，也基本承袭了中央分税制的基本分配理念。① 而资源税往往只在几个资源大省中占有较大比重，非税收入的比重则由于逐渐"税收化"而不断下降，并不被多数省份选为分享收入来源。

总体来看，上述制度设计的原因主要包括三个方面。其一，上述几类税收均为地方公共财政收入的"大头"，囊括这几类主要税种进行税收分享可以避免下级政府在经济发展过程中的各种规避风险。② 其二，将省级财政与省以下财政捆在一起，进而加强省级政府对省以下财政运行的控制力。其三，省级可以尽可能多地分享下级财政收入的增长，以集中更多的财力。③

（二）分税制以来纷繁复杂的转移支付体系及其局限

分税制改革后，中国逐渐形成了种类繁多且复杂的转移支付体系，既包括基于税源地分配的分享税和税收返还，也包括未指定具体用途的一般性或均衡性转移支付，或指定了相应用途或支出领域的财力性转移支付（如调整工资转移支付、义务教育转移支付），以及用于具体项目的专项转移支付。

其中，税收返还收入主要包括分税制"保存量"政策形成的增值税和消

---

① 张立承：《省对下财政体制研究》，经济科学出版社2011年版。
② 实际上，在方式多样的财政包干体制中，诸多省份为了减少上解中央收入，便采取了各种规避行为。按照张光的总结，财政大包干的基本思想是，地方政府掌握划归上级政府后的所有剩余收入的权力；出于自身利益的需要，各地政府特别是那些经济增长迅速的地方政府，很快就学会能使自身利益最大化的与中央政府博弈的方法：一方面，它们只完成为财政合约要求的最低限度的财政收入，以求得到上解中央收入最小化；另一方面，它们想方设法变预算内收入为预算外收入，因为后者无须与中央分成。参见张光：《中国式分权的代价》，载英国《金融时报》中文网，2013年。
③ 张立承：《省对下财政体制研究》，经济科学出版社2011年版。

费税两税返还，以及2002年所得税改革后形成的所得税与出口退税返还。[①]根据财政部历年的《中央对地方税收返还和转移支付决算表》，我们可以得知我国纷繁复杂的转移支付体系：用途不作任何限制的包括均衡性转移支付、农村税费改革转移支付、资源枯竭城市转移支付、重点生态功能区转移支付、产粮大县奖励资金、县级基本财力保障机制奖补资金、原体制补助、企事业单位划转补助、结算财力补助（体制结算补助）等；用途有所限制的包括基层公检法司转移支付、义务教育等转移支付、调整工资转移支付、基本养老金和低保等转移支付、城乡居民医疗保险等转移支付、农村综合改革转移支付、工商部门停征两费转移支付、成品油税费改革转移支付、一般公共服务转移支付等。其中比重最大的为均衡性转移支付，以2010年为例，其占总的转移支付的比重在20%左右，占一般性转移支付约在36%。

如图3-4（中央对地方的税收返还、一般转移支付和专项转移支付等分别占GDP的比重）和图3-5（三类转移支付占转移支付总规模的比重），就具体规模而言，税收返还自1994年开始设置以来便逐年下降（2002—2003年略有反弹），其占GDP的比重也从1994年的3.71%下降到2014年的0.8%左右，其占三项财力总规模的比重从绝对优势的四分之三变为不到十分之一。其中的原因可能是多方面的，最为主要的在于分税制的设计原则：税收返还实际上是地方分享收入[②]，其存在的目的是"为了保持现有地方既得利益格局、逐步达到改革的目标"[③]。换言之，它只用于解决分税制实施后中央与地方的财政收支垂直不平衡问题，而与纠正各地之间的横向不平衡无关；而缩小各地发展不均衡则主要是其余两类转移支付的目的。

[①] 按照分税制的纲领性文件（《国务院关于实行分税制财政管理体制的决定》），分税制"元年"（1994年）各省能够从中央财政收入那里获得的税收返还数额，等于其在1993年所征收的消费税全额和增值税收入的75%，减去同年中央对各省的下划收入。此规则的确定基本是在1993年第三季度，于是各省在该年下半年尤其是第四季度不遗余力地扩大财政收入。参见张光：《中国式分权的代价》，载英国《金融时报》中文网，2013年。

[②] 严格而言，税收分享部分并不算转移支付，而是属于地方的本级收入。为方便讨论，本文依旧放在转移支付章节论述。

[③] 国务院：《关于实行分税制财政管理体制的决定》，国发〔1993〕85号。

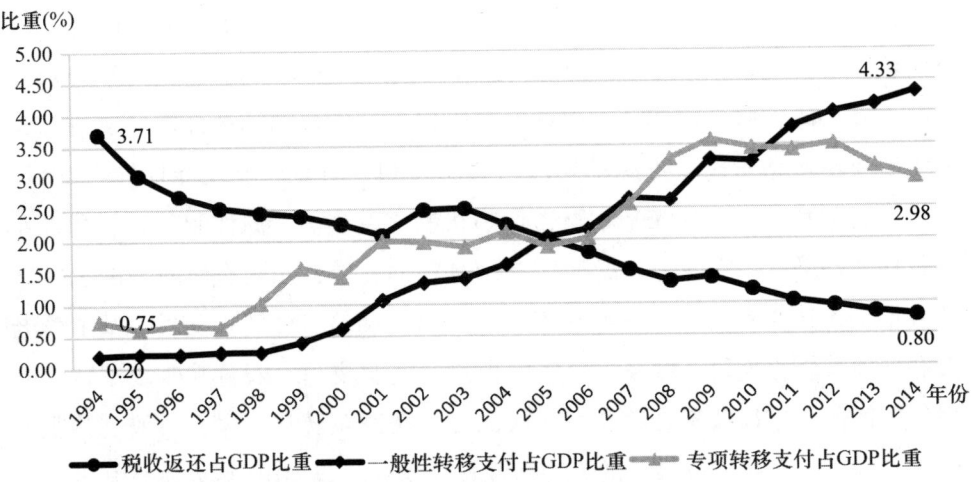

图 3–4　中央对地方转移支付和税收返还占 GDP 比重（1994—2014 年）

资料来源：李萍：《中国政府间财政关系图解》，中国财政经济出版社 2006 年版；财政部：《中国财政年鉴》，中国财经杂志社（1995—2011 年）；财政部：《中央对地方税收返还和转移支付决算表》（2011—2014 年）。

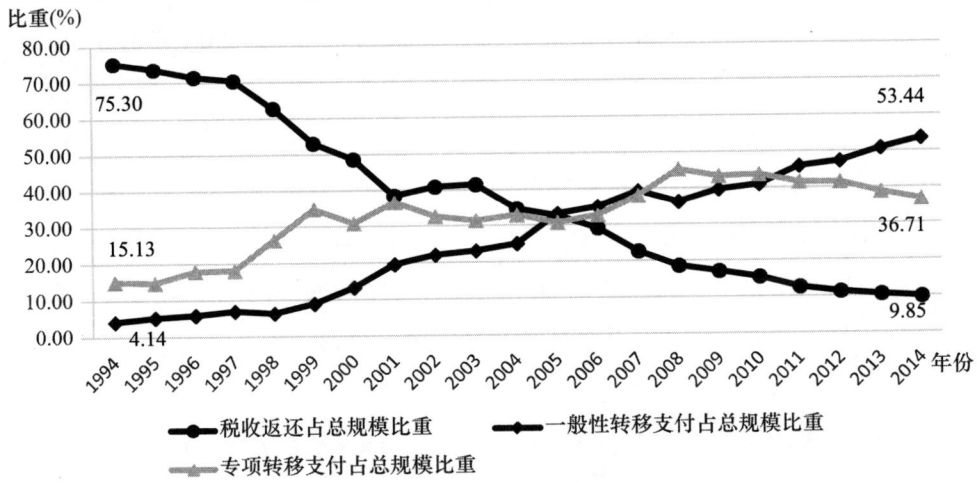

图 3–5　中央对地方转移支付和税收返还占总规模比重（1994—2014 年）

资料来源：李萍：《中国政府间财政关系图解》，中国财政经济出版社 2006 年版；财政部：《中国财政年鉴》，中国财经杂志社（1995—2011 年）；财政部：《中央对地方税收返还和转移支付决算表》（2011—2014 年）。

注：总规模即指中央对地方转移支付和税收返还的总和。

具体来看，从 1994 年开始，两税以 1993 年基数返还和增量返还两种方式构成；2002 年所得税也变为央地共享税，且地方只享有基数返还，并无增量返还。因此，在四种税收保持增长的形势下，随着国家经济总量的不断扩张，中央财政收入规模便会逐渐扩大，从而有更多的财力用于一般性转移支付和专项转移支付，而税收返还的相对比重则逐渐缩小。当然，也不排除地方政府可能通过税种入库级次的办法（消费税让增值税、增值税让营业税）以减少上交中央的收入。①

与税收返还情况正好相反，自分税制以来，一般性转移支付和专项转移支付均获得显著的上升，其中尤以一般性转移支付的规模上升最为快速：截至 2014 年，一般性转移支付占三项总规模的比重已超过一半。具体而言，一般性转移支付和专项转移支付在 2000 年之前停留在 GDP 的 2% 以下，从 2001 年开始突破 3%，并超过税收返还。从 2001 年到 2005 年进入平稳增长期，五年间转移支付占 GDP 比重从 3.06% 增至 3.95%。从 2006 年到 2011 年，转移支付再度进入快速增长期，2006 年突破 4%，2007 突破 5%，2009 年突破 6%，2011 年突破 7%。此后，转移支付占 GDP 比稳定在 7% 以上。总体来看，这三项财力占 GDP 的比重也从 1994 年的 4.7% 增至 2014 年的 8.11%，增长了近一半。正如张光所言，全球来看，中国次国家财政体制的不同之处便在于，地方政府支出占财政总支出的比重已经高达 85%，而其中央对地方的转移支付则达到占 GDP 的 8% 的比例。

此外，上述三类转移支付的规模和测算办法也各不相同。如表 3-9 所示，诸多种类的一般性转移支付的主要目的在于弥补地方财政收支缺口，如均衡性转移支付、国家生态功能区转移支付、县级基本财力保障机制等。这些转移支付成为一般性转移支付的"大头"。还有一些转移支付的测算则与该地税收增长紧密联系，如民族地区转移支付等，而另外一些则类似于中央对于特定地区的补助，比如资源枯竭城市转移支付。

---

① 李学斌：《分税制实施与地方政府行为》，载《税务研究》，1994 年第 11 期。

表 3-9 各类转移支付规模确定及测算办法

	规模确定机制	测算办法描述	特点
均衡性转移支付	1. 中央所得税改革集中收入；2. 中央预算另外安排	根据标准收支缺口和困难程度分配。其中标准收入按税基乘以税率分省测算，标准支出分省、地、县三级，按照总人口乘以人均支出标准、成本差异系数等测算，按省汇总	均等化效果最为显著
民族地区转移支付	2009年以前，分两部分：1. 民族地区上划中央增值税环比增量的80%；2. 中央预算另外安排	一半按照来源地返还；另一半按照均衡性转移支付标准收支缺口分配	部分与来源地挂钩，具有一定激励作用
	2009年以后，改为在上半年转移支付额基础上，按照前三年全国增值税平均增长率递增	县根据上半年和全国增值税前三年增长率递增；省、州，30%按照来源地返还，70%按照均衡性转移支付标准收支缺口计算	
国家生态功能区转移支付	根据转移支付范围和均衡性转移支付标准收支缺口情况安排	将纳入转移支付范围的县区，按照均衡性转移支付测算的标准收支缺口给予100%补齐	逐步建立绩效评价机制
资源枯竭城市转移支付	根据转移支付范围和上划增值税情况安排	地级市，按照非农人口、人均补助标准测算，并通过财力水平、困难程度、资源类型和成本差异系数进行修正；县（市、区）除按照人口等因素测算外，还给予固定数额补助	帮助这些地区消化公共服务和社会管理等历史欠账，具有一定时效性
县级基本财力保障机制	预算安排	2009年以前：对产粮大县、困难县补助、精简机构人员给予奖励；对缩小纵向差距及以前年度精简机构人员给予补助；2009年之后："三奖一补"资金进基数，按照"保民生、报运转"探索建立最低县级保障机制	起到均衡性转移支付补充的作用

(续表)

	规模确定机制	测算办法描述	特点
调整工资转移支付	据实计算	根据供养人员和调资标准计算	具有基数性质
农村税费改革转移支付	预算安排	根据农村税费改革减收情况测算	具有基数性质
成品油价格和税费改革转移支付	根据成品油价格和税费改革新增收入确定	根据成品油消耗量、公路里程、公路密度等计算	特定用途

资源来源：李萍：《中国政府间财政关系图解》，中国财政经济出版社2006年版，第57—58页。

但是，部分转移支付由于种种原因可能偏离了资金使用的本来目标。其原因则纷繁复杂。首先，各类转移支付均可能在纵向与横向上形成"错配"。在纵向上，由于庞大的转移支付（尤其是一般性转移支付）多数是经由省向下层层派发，这使某些本应该下沉到基层的转移支付（比如县级基本财力保障机制）在更高层级则被"瓜分"。① 在横向上，即使规定了具体用途的转移支付也可能作调整，比如调整工资转移支付只能用于行政和事业单位职工等财政供养人员的工资调整，然而却也可能被用来去搞基建，也可能因为地方需要为专项补助配套而拖欠工资。② 其次，总体来看，转移支付在一定程度上影响了政府规模③、公务员工资收入④以及政

---

① Sato Motohiro, "The Political Economy of Interregional Grants", *Public Sector Governance and Accountability Series-Intergovernmental Fiscal Transfers: Principles and Practices*, 2007, pp. 173 – 197；张光：《财政分权省际差异、原因和影响初探》，载《公共行政评论》，2009年第1期。

② Wu Alfred M., *Governing civil service pay in China*, Copenhagen, Denmark: NIAS Press, 2014；吴木銮：《我国政策执行中的目标扭曲研究——对我国四次公务员工资改革的考察》，载《公共管理学报》，2009年第6期；吴木銮：《分权下集权是否有效：一个公务员工资执行的视角》，载《开放时代》，2011年第6期。

③ 张光：《"官民比"省际差异原因研究》，载《公共行政评论》，2008年第1期；庄玉乙、张光：《"利维坦"假说、财政分权与政府规模扩张：基于1997—2009年的省级面板数据分析》，载《公共行政评论》，2012年第4期。

④ 游宇、张光：《中国公务人员工资水平地区差异的政治经济学》，载《复旦公共行政评论》，2015年第2期。

府行政成本①，这属于上述"错配"的进一步延伸，即各类转移支付与政府及其成员自身利益的扩张紧密相关。最后，最为关键的一点是，针对农村领域的转移支付相对有限。根据黄亚生的分析，与分税制几乎同时进行的是，中国的发展战略正从"农村的中国"（Rural China）转向"城市的中国"（Urban China）。② 尤其自2002年农村税费改革之后，取消农业税和"三提五统"，村一级的公共服务受到很大影响。然而，除了规模极小的农村税费转移支付（2003年仅305亿、2006年之后维持在750亿规模）外，几乎并没有专门针对村镇一级的公共服务转移支付（即使有也很可能被用于城镇基建领域）。③

转移支付宏观设计的原则与范例见表3-10。

表3-10 转移支付宏观设计的原则与范例

转移支付目标	转移支付设计	正面案例	反面案例
弥补财政缺口	重新划分责任、税收返还、分享税基	税收返还和税基分享（加拿大）	对赤字的转移支付、对工资的转移支付
缩小地区间财政差距	一般性非配套的财政均等性转移支付	标准明确地财政均等化转移支付，该标准不仅可以决定资金额度还能决定资金如何分配（加拿大、丹麦和德国）	涉及多种因素的一般性转移支付（巴西、印度）、固定资金总额的财政均等性转移支付（澳大利亚）
补偿福利外溢	非限额配套转移支付，且其配套率要与福利外溢率一致	对医疗的转移支付（南非）	限额配套转移支付

---

① 张光:《中国行政管理成本决定因素实证分析——兼论"缩省论"的合理性》，载《天津行政学院学报》，2007年第9期；张焱:《中国行政成本省际差异研究——基于1998—2003年时期的数据分析》，载《公共行政评论》，2011年第4期。

② Y. Huang, *Capitalism with Chinese Characteristics: Entrepreneurship and the State*, Cambridge: Cambridge University Press, 2008.

③ 周飞舟:《从汲取型政权到"悬浮型"政权》，载《社会学研究》，2006年第3期。

（续表）

转移支付目标	转移支付设计	正面案例	反面案例
设定国家最低标准	根据服务标准的条件，提供非条件性配套的绩效型一次性转移支付	道路维护和初等教育的转移支付（2000年前的印尼）	仅根据支持条件提供的条件性转移支付（大部分国家皆如此）、腐败型的转移支付、专项转移支付
			对教育的转移支付（巴西、智利和哥伦比亚）
			对医疗卫生的转移支付（巴西和加拿大）
	无配套资金要求、无维护要求的资本性转移支付	条件性的资本性转移支付，其配套率与地方的财力成反比	对学校建设的资本性转移支付（2000年前的印尼）、对州政府提供的公路建设配套性转移支付（美国）
影响地方的政策优先性	非限额配套转移支付（配套率最好与财力成反比）	对社会援助的转移支付（2004年前的加拿大）	专项转移支付
提供稳定性，并解决基础设计供给不足	提供维护费用的资本性转移支付	资本性转移支付，且其配套率与地方财力成反比	未提供未来的维护费用的资本性转移支付

资料来源：Shah Anwar,"A Practitioner's Guide to Intergovernmental Fiscal Transfers", *Intergovernmental fiscal transfers: principles and practices*, World Bank Publications, 2007, p. 49.

第四章 省以下财政体制与地方治理绩效

在上一章中,我们阐述了关于地方治理的内涵及其主要维度,以及相关的文献和主要省以下的财政体制。本章节主要讨论,省以下的财力分布结构与财政支出结构如何影响地方治理绩效。

一、研究假设

(一) 地方纵向财政分权与地方治理

一个好制度的核心在于提供正确的激励,中国的改革开放以来的分权提供了这一重要激励。① 改革开放通过由国家向社会分权、由中央向地方分权以及提供各种激励,释放了地方和社会要素的活力,并培养、挖掘了潜在的资源要素,为持续的经济增长与总体的治理改善提供了制度基础。当然,中国式分权也存在个别问题,如导致重复建设②,以及"逐底竞争"(race to the bottom)③ 等问

---

① 姚洋:《中性政府:对转型期中国经济成功的一个解释》,载《经济评论》,2009 年第 3 期。
② 吴一平:《财政分权、腐败与治理》,载《经济学(季刊)》,2008 年第 3 期。
③ Wang Yongqin, Yan Zhang, Yuan Zhang, Zhao Chen, and Ming Lu, "The Cost and Benefits of Federalism, Chinese Style", *Economic Transition with Chinese Characteristics*: *Thirty Years of Reform and Opening up*, Edited by Arthur Sweetman and Jun Zhang Montreal and Kingston, McGill-Queen's University Press, 2008.

题。然而，实行何种分权、分权的程度以及与之相关的政府支出结构，在什么情况下对于地方治理绩效产生了什么样的影响，这还需要我们进行更多的讨论。

在实证检验中，考虑到中国的许多省份在人口规模上与西欧的一些主要国家不相上下，对于中国内部的讨论自然十分重要。更有意义的是，就财税制度改革而言，中国的基本特征便是尝试各种中央与地方的"分权"设置（1980—1993年），并在20世纪90年代初期通过分税制改革将其制度化。然而，这一重大改革在很大程度上是以一种单一的制度设置固化了"央—省"间的财税关系。正如世界银行的报告所言："尽管中央政府确定了该体系宽泛的轮廓，但它仅与各省直接打交道。……接着，各省分别与其下辖市确定了分享体系，市再与县确定分享规则，这样依次进行。支出的划分同样如此。"①经济合作与发展组织的报告也表明，如果采用增值税在省级、地市、县之间分享的比率来近似代理各省份以下政府财政分权情况，那么各省份差别巨大。②换言之，各省实际上采取了不同的方法来划分省级与地市、县级等之间的财政收入和支出权限③，而这种嵌套式的财税安排也使得国家权力与治理表现出"碎片化"的倾向④。

然而，也正是由于上述制度安排，各省内部差异巨大的财税划分方法及与此相关的支出结构，为我们讨论财政支出的纵向与横向结构如何影响地方治理质量提供了重要的前提。

整体而言，分税制改革在财权与事权上的变革力度并不对称。在收入分享方面，中央与地方在1993年大致呈现出"二八开"，地方占据了绝对大头；1994年之后，中央相对于地方财政收入比重比以前显著增加，大致为"五五开"。而在支出端，由图1-3可知，各地区1993年与之后的支出结构变化不大；

---

① 世界银行：《中国：省级支出考察报告》，2002年。
② 经济合作与发展组织：《中国公共支出面临的挑战：通往更有效和公平之路》，清华大学出版社2006年版。
③ 财政部：《中国省以下财政体制》，中国财政经济出版社2007年版。
④ 燕继荣：《分权改革与国家治理：中国经验分析》，载《学习与探索》，2015年第1期。

从中我们可以更好地理解分税制之后财权上移、事责不变或下放的基本局面。

分税制后，平均而言，发生在县乡一级的财政支出占地方支出的五成左右，地市级大致相当于其一半。由于中国目前的社会保障、教育、医疗卫生保障等民生支出主要集中在地市和县级中，所以考察省以下财政支出分权情况可以了解公共财政和公共服务下沉于基层的水平。对此，现有研究利用县本级一般预算收入（支出）占省份收支之比来代表各地区财政分权情况，在多层次上考察了财政分权对于中国农村基层治理的影响，其结果发现，财政分权有助于以显著为正的概率使中国农村基层政治治理迈向更高的水平。① 还有研究发现省以下财政分权有助于缩减政府财政规模，来自上级的转移支付增长了地方的政府规模。② 整体而言，少数的利用这一分权指标的研究表明，财政资源越往省以下下沉，越有可能产生正向的地方治理绩效。基于此，本书的假设如下：

假设1：总体而言，省以下（即地级与县级）财政支出分权程度越高，则地方治理绩效越好。

然而，故事到此还远未结束。由于市级财政与县级财政支出导向差异较大，它们对于地方治理的影响可能完全不同。分税制后，土地财政收入成为地市级越发重要的来源，市级财政支出的主要目标也并非科教文卫与支农建设等支出，而在于庞大的城区建设与基础设施投资，即市级财政带有更为强烈的基建与生产性导向。③ 更为重要的是，土地出让与强烈的基建型支出导向在一定程度上并不利于培育健全有序的市场经济环境，也影响了市内其他县市的均衡发展。④ 因此，这使得市级财政分权很可能有损地方治理。

---

① 李明、李慧中、苏晓馨：《财政分权、制度供给与中国农村基层政治治理》，载《管理世界》，2011 年第 2 期。

② 庄玉乙、张光：《"利维坦"假说、财政分权与政府规模扩张：基于 1997—2009 年的省级面板数据分析》，载《公共行政评论》，2012 年第 4 期。

③ 刘佳、吴建南、马亮：《地方政府官员晋升与土地财政——基于中国地市级面板数据的实证分析》，载《公共管理学报》，2012 年第 2 期；游宇：《投资驱动、土地依赖与地方治理——基于中国地级市的实证研究（2003—2010）》，载《甘肃行政学院学报》，2014 年第 5 期。

④ 张莉、高元骅、徐现祥：《政企合谋下的土地出让》，载《管理世界》，2013 年第 12 期。

县级财政虽然也带有一定的生产性支出导向,但由于受到支出责任与财力困境的制约,不得不将相当部分的支出偏向教育、医疗及农林水事业等方面。同时,分税制后,县级财政收入越来越依赖乡镇集体企业、地区商业以及工业园区①,为了更多地依靠非国有经济带来的税收,县级政府在培育市场发展方面存在极大激励。此外,经济合作与发展组织的研究报告也显示,再分配政策在省以下的基层政府(县级)得到了更为严格的执行。② 这些因素总体上使得县级支出分权更有可能促进地方治理绩效。因此,本研究的另外一个推论如下:

推论1:县级财政支出分权更有可能促进地方治理绩效,而市级财政分权则与之相反。

(二)地方横向支出结构与地方治理

就公共支出的功能导向而言,功能性联邦主义等研究认为政府有两个主要目标——发展与再分配。③ 由于不同政府层级在责任大小、目标差异和提供能力上的差异,相应的政府层级需要有不同的支出重点以达高效与善治。例如,就美国而言,联邦政府应对再分配任务承担主要责任,同时州和地方政府对发展负主要责任,即中央负责再分配事务、地方专注于经济发展。④

分税制以来,中国的宏观制度设计也试图形成这样一种格局,即"中央—省—省以下"基本形成"统筹型政府—管理型政府—生产与服务型政府"(见表4-1)。但在具体的财政支出上,却不同于功能性联邦主义。其中的主

---

① 周飞舟:《财政体制和农民负担》,载《香港社会科学(季刊)》,2009年秋季号。
② 经济合作与发展组织:《中国公共支出面临的挑战:通往更有效和公平之路》,清华大学出版社2006年版。
③ Robert J. Barro, "Government Spending in a Simple Model of Endogeneous Growth", *Journal of Political Economy*, Vol. 98, No. 5, 1990, pp. 103 – 125; Michael Keen, Maurice Marchand, "Fiscal competition and the pattern of public spending", *Journal of Public Economics*, Vol. 66, No. 1, 1997, pp. 33 – 53; Paul E. Peterson, *The Price of Federalism*, Washington, D. C.: Brookings Institution Press, 2012.
④ Paul E. Peterson, *The Price of Federalism*, Washington, D. C.: Brookings Institution Press, 2012.

要表现便是，许多应当由中央或省级承担的支出责任，如社会保障、医疗保障等，主要落在了地市县级上。这就可能产生一种后果：地方提供这些公共物品的自主度直接取决于地方政府的财政能力与领导倾向，富裕地区的裁量权与发展空间相对更多，而欠发达地区则主要是执行上级政府指令。①

表4-1 政府层级与财政支出职能

政府层级与核心属性	主要职责	目标偏好
中央：统筹型政府	设计财政、货币等政策工具，建构复杂的转移支付体系以弥补地方财力缺口与公共服务均等化等，并承担部分公共支出（如国防、外交、武警、国内外债务还本付息、中央一级行政与公检法支出、跨地区的基本建设项目等）	确保政治合法性与宏观经济稳定，兼顾公平与效率、再生产与民生
省：管理型政府	除承担部分公共支出外，贯彻中央政策目标，设计省以下税收分享与支出职责，但各省财政职责相对缺乏规范性	在确保地区政治经济稳定前提下，以发展经济为第一要务，兼顾省内公平与公共服务均等化
省以下：生产与服务型政府	承担上级分配、属于它们的支出权限（包括教育、公共医疗、卫生与社会福利等），既要大力发展经济又要兼顾社会福利与社会服务	在官员晋升激励下财政收益与经济增长最大化逐渐成为支配地方政府行为的主导逻辑，导致了政府选择性履行职能，逐渐形成地方发展型政府

资料来源：作者整理，并部分参考：经济合作与发展组织：《中国公共支出面临的挑战：通往更有效和公平之路》，清华大学出版社2006年版；郁建兴、高翔：《地方发展型政府的行为逻辑及制度基础》，载《中国社会科学》，2012年第5期。

如果我们将政府公共支出简要划分为两类——发展性支出与再分配支出，那么次中央政府的支出偏好则表现得十分明显。从图4-1可知，自分税制改革以来，在地方政府财政支出结构中，发展性支出比重始终占据着绝对优势（占总支出的60%以上），其规模要远远高于再分配性支出（占总支出比重在

---

① Shah Anwar, "A Comparative Institutional Framework for Responsive, Responsible, and Accountable Local Governance", *Local governance in industrial countries*, 2006, pp. 1–40.

20%以下)。这与我国明显的"地方发展型政府"或"发展型地方主义"特征①是极为吻合的。诸多研究在实证层面分析了这一财政收支结构对于治理的负面影响。② 不仅如此,我们的研究则进一步表明,发展与再分配之间严重失衡的支出结构已经显著影响公众对于政治机构的信任度。③ 这表明,地方政府的生产性支出导向加剧了地方治理的成本,并弱化了地方治理绩效。因此,我们预期:

假设2:地方的发展性支出比重将恶化地方治理绩效,而再分配支出则正好相反。

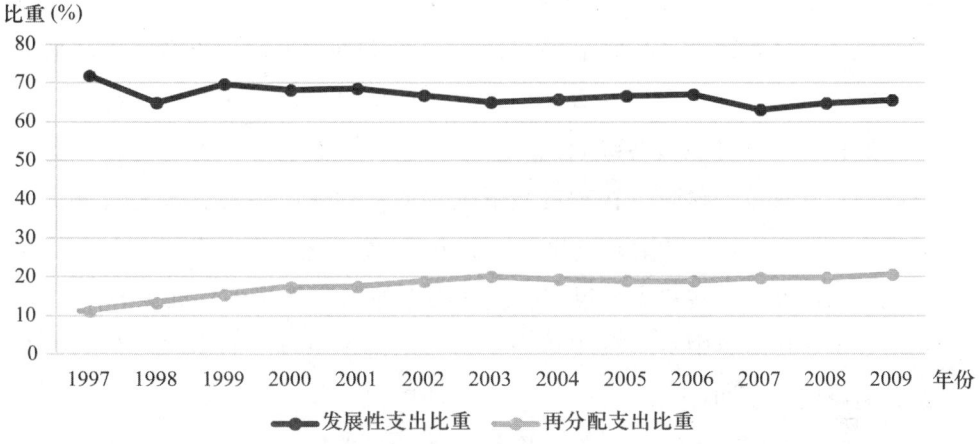

图 4-1　发展性与再分配支出比重（1997—2009 年）

资料来源:国家统计局:《中国统计年鉴》,中国统计出版社(历年);财政部预算司:《地方财政统计资料1997》,新华出版社1998年版;财政部预算司:《地方财政统计资料1998—2007》,中国财政经济出版社(1999—2008年);财政部预算司:《地方财政统计资料2008》,经济科学出版社2011年版;财政部预算司:《地方财政统计资料2009》,经济科学出版社2011年版。

---

① 彭勃:《社会冲突困局与地方发展主义》,载《经济社会体制比较》,2009年第2期;吴国光、郑永年:《论中央地方关系:中国制度转型中的一个轴心问题》,香港牛津大学出版社1995年版;游宇:《可持续的经济大跃进?——重庆高速增长的财政解析》,载《公共行政评论》,2012年第5期;郁建兴、高翔:《地方发展型政府的行为逻辑及制度基础》,载《中国社会科学》,2012年第5期。

② 傅勇、张晏:《中国式分权与财政支出结构偏向:为增长而竞争的代价》,载《管理世界》,2007年第3期。

③ 游宇、张光:《事与愿违:财政支出导向与政治信任》,载《开放时代》,2015年第1期。

分税制时代以来的另外一个主要特征是中央对地方的纷繁复杂的财政转移支付体系。其主要目的在于调控与引导地方财政支出决策，即通过各类转移支付弥补地区财政缺口，以实现社会发展与基本公共服务均等化等目标。

然而，其效果却值得商榷。首先，就财政职能而言，地方政府天然地不具有承担再分配支出责任的动力和能力，诸多本应该由中央政府统筹的职能（如社保等）事权下移给地方政府，使得转移支付的效率与效果均大打折扣。① 其次，中央财政转移支付制度的目标原则不够明确，受传统财政体制遗留因素的影响较大，分配公式的合理性、透明性和规范性还不够，使得其资金配置未能很好兼顾公平与效率。② 最后，中央政府对基层地方政府的转移支付，是通过省级、地市级、县级、乡镇级政府层层传递。在这一过程中，中央政府的转移支付可能被各级政府截留、分拨，从而造成一省获得转移支付比重越高，其省以下财政分权程度越低的局面，即获取中央更多的转移支付反而使得下沉到省以下的财政支出资源更少。③ 换言之，在晋升激励与监管相对不完善的情况下，转移支付很有可能被移作他用（如经济发展事务）。④ 虽然本书并不直接考察中央转移支付对于地方治理的影响，而是将其作为控制变量，但我们也预期：

假设3：地方所接收到的净转移支付收入额度越大，其地方治理绩效则越差。

总体观之，在分税制以来的行政发包、财政分权、晋升激励等制度下，地方政府承担的再生产与社会福利职能受到了影响，更多地体现出地方政府的发展性特征。而中央以促进社会发展与公共服务均等目标的大规模转移支

---

① Paul E. Peterson, *The Price of Federalism*, Washington, D. C.: Brookings Institution Press, 2012.

② 郭庆旺、贾俊雪：《中央财政转移支付与地方公共服务提供》，载《世界经济》，2008年第9期；王绍光：《中国财政转移支付的政治逻辑》，载《战略与管理》，2002年第3期。

③ Alfred M. Wu, "Determinants of Expenditure Decentralization: Evidence from China", *World Development*, Vol. 46, 2013, pp. 176–184.

④ 吴木銮：《我国政策执行中的目标扭曲研究——对我国四次公务员工资改革的考察》，载《公共管理学报》，2009年第6期。

付则由于种种设计与监管缺陷,并未达到预期目标。接下来,我们将进行实证分析与讨论。

二、变量描述

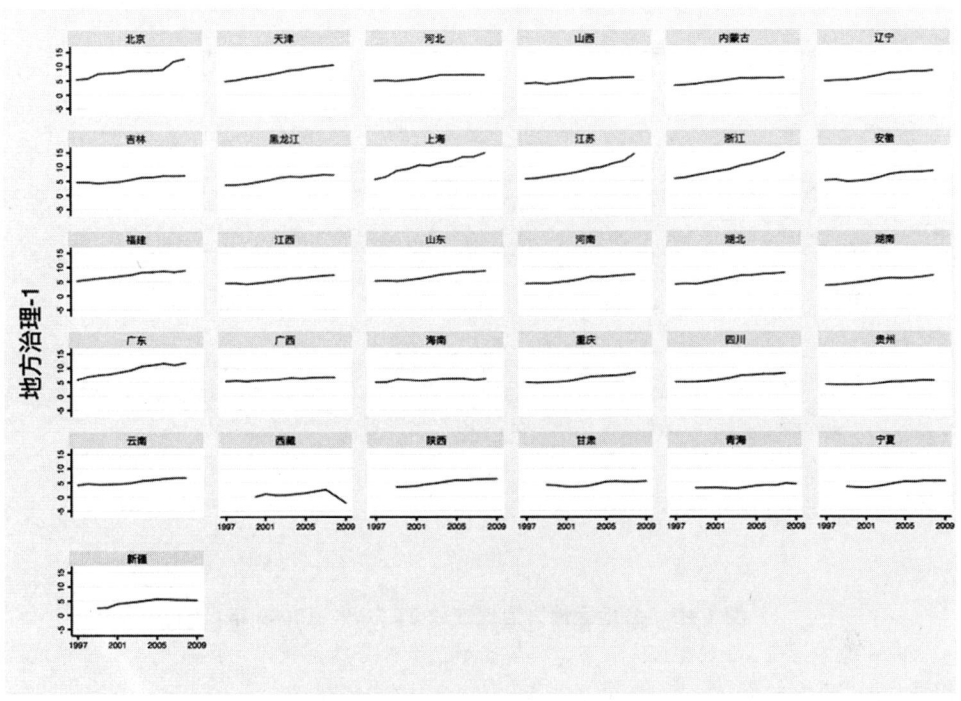

图 4-2　各地区地方治理绩效 I（1997—2009 年）

注：地方治理-1 为樊纲指数的第一和第五方面的简单加权平均,西藏与新疆等地区的部分年份数据缺失。

资料来源：樊纲、王小鲁、朱恒鹏：《中国市场化指数——各地区市场化相对进程 2011 年报告》,经济科学出版社 2011 年版。

如第三章所述,对于"结构—过程"维度的地方治理,我们使用两种方式来测量,其中第二种包含了非国有经济的发展情况。从图 4-2 和图 4-3 中,我们可见这两种测量的各地一般趋势：第一,总体来看,各地区治理绩效大多呈现缓慢上升趋势,这与图 3-2 的全国趋势基本一致。第二,在时间序列上,多数省份表现得比较平稳,并未呈现较大的波动,而西藏则属于明显的异常值,而且西藏在部分年份的数据上缺失较多。这也提示我们,在后面的模型设定中,应剔除西藏数据。

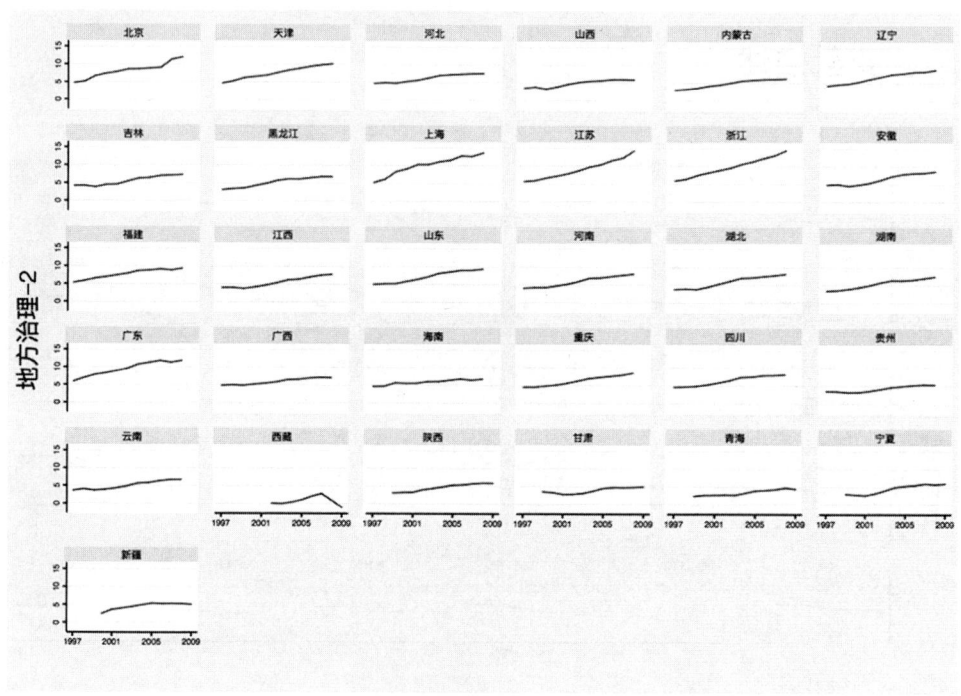

图 4-3　各地区地方治理绩效 Ⅱ (1997—2009 年)

注:地方治理-2 则为第一、第二与第五等三个部分的加权平均,西藏与新疆等地区的部分年份数据缺失。

资料来源:樊纲、王小鲁、朱恒鹏:《中国市场化指数——各地区市场化相对进程 2011 年报告》,经济科学出版社 2011 年版。

接下来是关于地方财政结构,这主要包括三个紧密相关的面向。第一,纵向财政结构,也可以理解为地区内的"财政分权",即财政资源如何在不同政府层级间划分。对于财政分权地区差异的操作化,自从张涛与邹恒甫的研究[1]发表以来,多数研究都以地方(人均)财政收支占全国或中央(人

---

[1] Tao Zhang, Heng-fu Zou, "Fiscal decentralization, public spending, and economic growth in China", *Journal of Public Economics*, Vol. 67, No. 2, 1998, pp. 221-240.

均）财政收支比重作为变量。① 但这一测量方式很大程度上反映的是人均地方预算内收支在各省之间的差异，而这主要与各省之间的经济发展水平（用人均 GDP 测量）紧密相关。② 并且，我们关注的是各地区对于财政支出分权的划分，而省级政府处于一省政府间关系的金字塔尖，在决定其与下级政府的财政分配关系上占有较大的主动权。因此，根据我们的研究问题需要，本书以省以下各级财政收支之和占全省财政收支的比重来衡量财政资源的纵向分配（见表4-2）。由于收入与支出分权高度的相关性，且为了主要考察政府的支出所带来的影响，在本书中，我们主要考察政府间的财政支出分权。

表4-2 地区内部的财政分权

	省内收入分权	省内支出分权
地级	地级及其以下收入/全省收入	地级及其以下支出/全省支出
县级	县级及其以下收入/全省收入	县级及其以下支出/全省支出
省以下	省以下全部收入/全省收入	省以下全部支出/全省支出

资料来源：张光：《测量中国的财政分权》，载《经济社会体制比较》，2011 年第 6 期。

具体来看，在 1997 到 2009 年间，中国大陆省级以下财政支出占全省（自治区/直辖市）支出的比重均在 67% 以上，最高达到 75%（2009 年），具体可见表 4-3。此外，总体来看，从各省财政分权基尼系数③可以看出，各省之间的差异在该时段比较稳定（见图 4-4）。换言之，我国的财政支出结

---

① 比如，Jing Jin, Heng-fu Zou, "Fiscal decentralization, revenue and expenditure assignments, and growth in China", *Journal of Asian Economics*, Vol. 16, No. 6, 2005, pp. 1047-1064；乔宝云、范剑勇、冯兴元：《中国的财政分权与小学义务教育》，载《中国社会科学》，2005 年第 6 期；张晏、龚六堂：《分税制改革、财政分权与中国经济增长》，载《经济学（季刊）》，2005 年第 5 期；周业安、章泉：《财政分权、经济增长和波动》，载《管理世界》，2008 年第 3 期。

② 参见杨良松：《测量中国的省内财政分权》，载《复旦公共行政评论》，2015 年第 2 期；张光：《测量中国的财政分权》，载《经济社会体制比较》，2011 年第 6 期。实际上，根据前述张光的研究，如果用这一方式衡量地方财政分权，其与经济发展的皮尔逊相关系数高达 0.9 以上。

③ 财政分权基尼系数是用以说明财政分权指数在各省之间的差距程度，系数越大则表示省际差距越大。

构大致为，近75%的财政支出发生在中央以下层面，而其中大致有七成又发生在省以下层面（即超过五成以上的公共支出下沉于省以下）。而根据我国地方政府财政职能的实际划分，我们也预期，总体而言，财政支出越是集中于省以下而非省本级政府，其治理绩效会越好。

表4-3 各地区省以下财政支出分权描述性统计　　　　（单位:%）

地区	平均	1997—2002年	2003—2006年	2007—2009年
北京	51.645	50.395	51.955	53.734
天津	51.451	49.815	53.473	52.028
河北	76.024	73.736	77.592	78.508
山西	71.512	71.842	69.059	74.123
内蒙古	77.016	71.551	80.157	83.758
辽宁	81.386	81.990	79.215	83.071
吉林	66.760	62.619	68.501	72.722
黑龙江	68.988	68.348	70.180	68.681
上海	59.707	54.373	65.540	62.598
江苏	82.153	79.936	83.439	84.874
浙江	85.974	83.929	87.300	88.295
安徽	71.964	68.434	72.587	78.192
福建	78.230	76.464	77.498	82.737
江西	76.957	74.291	77.777	81.198
山东	83.826	82.025	84.350	86.732
河南	79.252	77.104	80.559	81.807
湖北	74.445	72.988	72.620	79.792
湖南	73.454	69.587	74.067	80.372
广东	85.451	82.428	87.391	88.909
广西	73.209	72.105	73.649	74.828
海南	64.700	63.064	65.251	67.237
重庆	65.500	62.985	65.785	70.151
四川	81.192	78.688	82.252	84.785

(续表)

地区	平均	1997—2002 年	2003—2006 年	2007—2009 年
贵州	70.430	69.652	69.995	72.564
云南	72.350	71.085	71.606	75.874
西藏	38.988	40.635	36.649	38.812
陕西	60.757	60.937	57.112	65.257
甘肃	69.585	66.750	68.306	76.961
青海	53.700	52.848	52.068	57.581
宁夏	57.828	54.719	56.723	65.520
新疆	64.854	64.960	62.103	68.309

资料来源：财政部国库司预算司：《全国地市县财政统计资料》，中国财政经济出版社（历年）。

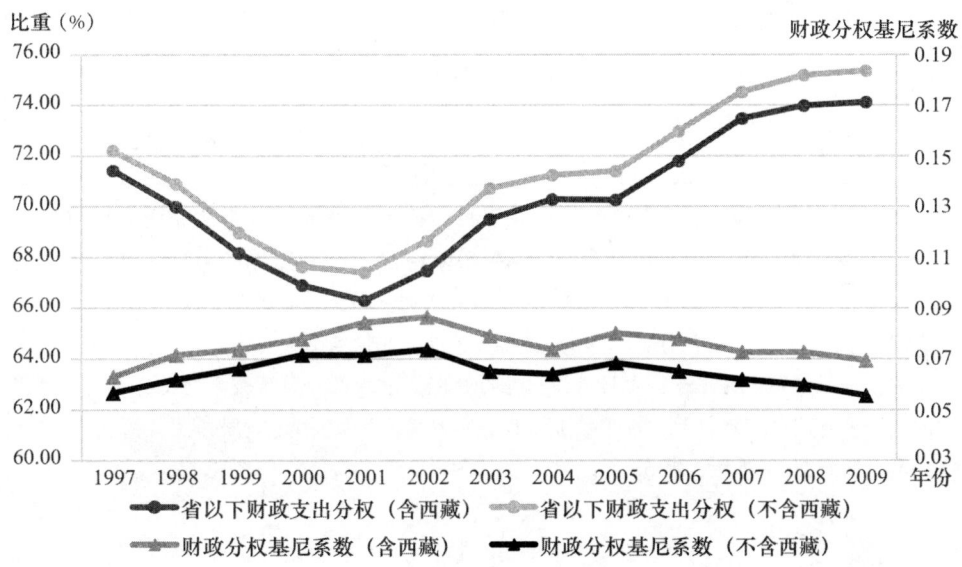

图 4-4 省以下财政支出分权（1997—2009 年）

资料来源：财政部国库司预算司：《全国地市县财政统计资料》，中国财政经济出版社（历年）。

注：财政分权基尼系数根据 Wessa 计算（Wessa, Patrick, *Free Statistics Software Version 1.1.23-R7*, Status: Published, 2015）。

地方财政结构的第二个维度是各地区的横向财政支出结构。分税制之后，中央将大部分事权留给地方，地方政府成为除国防、外交和债务利息之外所有内政支出的最主要承担者。① 地方政府除了承担发展性事务支出之外，还承担着诸多再分配性质的事权。因此，按照相关研究的分类②，我们将地方政府预算内支出结构分为发展性支出与再分配支出两大类（具体分类见表4-4，各地区支出比重见表4-5，全国两类支出趋势见图4-1）。

表4-4 政府支出分类：美国与中国

功能与支出	美国	中国
发展性支出	交通、自然资源、安全、教育、公用事业、其他	再分配支出与政权运转支出（"一般公共支出"）之外的所有其他支出项目汇总为发展性支出
再分配支出	养老金/医疗保险、福利、健康与医院、住房	地方"社会保障和就业支出"、"医疗卫生支出"与"其他支出"中的"住房改革支出"

资料来源：根据相关研究归纳、扩展而成，美国数据参考美国普查局（US Census Bureau），中国数据参考国家统计局（2008—2010）、财政部（2008—2010）、财政部国库司（2010、2011）；参见保罗·彼得森：《联邦主义的代价》，北京大学出版社2011年版；孔卫拿：《中国式分权的代价》，厦门大学博士论文，2014年。

注：按照彼得森的论述，发展性支出与再分配支出的区分并不是绝对的，而是相互关联的，二者是政府财政行为与政策的联系体。参见保罗·彼得森：《联邦主义的代价》，北京大学出版社2011年版，第58页。

---

① 孔卫拿、张光：《功能性联邦主义的中国形态及其代价》，载《公共行政评论》，2013年第5期。

② Paul E. Peterson, *The Price of Federalism*, Washington, D.C.: Brookings Institution Press, 2012; 孔卫拿：《中国式分权的代价》，厦门大学博士论文，2014年；孔卫拿、张光：《功能性联邦主义的中国形态及其代价》，载《公共行政评论》，2013年第5期。

表 4-5　各地区功能性支出比重（1999—2009 年）　　　（单位：%）

地区	发展性支出	再分配支出	地区	发展性支出	再分配支出
北京	0.739	0.161	湖北	0.638	0.209
天津	0.755	0.157	湖南	0.633	0.211
河北	0.632	0.197	广东	0.712	0.131
山西	0.611	0.224	广西	0.669	0.159
内蒙古	0.651	0.179	海南	0.628	0.192
辽宁	0.600	0.264	重庆	0.632	0.235
吉林	0.622	0.245	四川	0.646	0.201
黑龙江	0.644	0.216	贵州	0.685	0.150
上海	0.807	0.113	云南	0.641	0.213
江苏	0.712	0.139	西藏	0.687	0.138
浙江	0.714	0.114	陕西	0.634	0.205
安徽	0.653	0.206	甘肃	0.646	0.211
福建	0.701	0.152	青海	0.583	0.273
江西	0.660	0.194	宁夏	0.704	0.181
山东	0.687	0.152	新疆	0.644	0.200
河南	0.634	0.200			

资料来源：国家统计局：《中国统计年鉴》，中国统计出版社（历年）；财政部预算司：《地方财政统计资料1997》，新华出版社1998年版；财政部预算司：《地方财政统计资料1998—2007》，中国财政经济出版社（1999—2008年）；财政部预算司：《地方财政统计资料2008》，经济科学出版社2011年版；财政部预算司：《地方财政统计资料2009》经济科学出版社2011年版。

具体而言，在1997—2006年的统计口径下，在剔除"国防"、"外交"与"债务利息"三项支出后，再分配支出主要为"抚恤和社会福利救济费"、"行政事业单位离退休经费"、"社会保障补助支出"和"医疗卫生支出"，"行政管理费"和"税务等其他部门事业费"属于政权运转支出，再分配与政权运转支出之外的所有其他支出项目汇总为发展性支出；2007年及之后，再分配支出主要包括"社会保障和就业支出"和"医疗卫生支出"，政权运转支出则主要指"一般公共服务支出"，而再分配与政权运转支出之外的所有其他支出项目汇总为发展性支出；此外，有一项"其他支出",其在很大程度上可以划分为两类,一类是带有再分配性质的支出,如"住房改革支出",除此之外的其他支出可以认为主要都是用于地方经济发展。①

财政结构的第三个维度体现在财政转移支付。分税制改革的重要举措之一便是通过纷繁复杂的转移支付体制,以弥补财政收入再集权后地方巨大的收支缺口。在地方的各类收入来源中,除去上解中央支出后,地方获取的财政补助收入是其重要来源之一。换言之,现行转移支付体制的主要目的在于弥补中央与地方财政之间的纵向不平衡,当然也会兼顾一些政治因素(如维持少数民族聚居地区的国家统一与稳定)。② 中央与地方政府之间出现财政的纵向不平衡,主要反映了财政收入权力和财政支出责任在二者间的分布不平衡,即财权和事权之间的失衡。

然而,总体来看,分税制之后的财政转移支付体系具有明显的过渡性特征,即"原财政包干体制中的转移支付因素与分税制中的税收返还和过渡期转移支付同时并存"③。由前面的表 3 – 6 可知,从 1988 年到分税制实施之前,根据各地实际情况与之前的情况,中央对地方采取了更多样更复杂的财政包干体制:全国 30 个省级行政区和 7 个计划单列市分别适用于六种包干体制中的一种,而同一种包干体制内的每个省、区、单列市的基数和分成比例有各不相同。这些因素在很大程度上均称为分税制中转移支付体系建立的基础。

在控制变量方面,我们需要考虑的是各地区接受中央转移支付情况以及一系列经济发展的结构性特征。基于此,我们将各地区的人均净转移支付收入、人均 GDP、产业结构、城镇化水平以及人口密度等因素列为控制变量(见表 4 – 6)。

---

① 孔卫拿:《中国式分权的代价》,厦门大学博士论文,2014 年。
② 王绍光:《中国财政转移支付的政治逻辑》,载《战略与管理》,2002 年第 3 期。
③ 刘溶沧、焦国华:《地区间财政能力差异与转移支付制度创新》,载《财贸经济》,2002 年第 6 期,第 9 页。

表 4-6 变量与操作化

变量	操作化
因变量	
GI_1（治理指数 1）	指标 1 + 指标 5 简单平均
GI_2（治理指数 2）	指标 1 + 指标 2 + 指标 5 加权平均（0.4/0.2/0.4）
自变量	
省以下支出分权	省以下各级财政支出/全省财政支出
市级支出分权	市级财政支出/全省财政支出
县级支出分权	县级财政支出/全省财政支出
发展性支出比重	发展性支出/全省财政支出
再分配支出比重	再分配型支出/全省财政支出
控制变量	
ln 人均 GDP	地方生产总值/常住人口，取自然对数
ln 人均净转移支付收入	（中央补助收入—上解中央支出）/常住人口，取自然对数
非农产业比重	第二产业比重 + 第三产业比重
城镇化率	非农人口占总人口比重
ln 人口密度	常住人口/陆地面积，取自然对数

注：在计算时，由于樊纲市场化指数是按照 2001 年相关价格为基数进行调整，所以相关变量也经过 2001 年不变价调整，且西藏数据在部分年份缺失。

在估计方法选择上，由于各地区地方治理绩效存在明显的时间序列相关性，我们将因变量的一阶滞后项作为解释变量，选择广义矩阵估计（GMM）方法进行估计。由于差分广义矩估计（DIF-GMM）易受有限样本偏误（finiteample bias）局限[①]，我们选取系统广义估计（SYS-GMM）；经过一阶自相关检验后，在此主要使用系统广义矩估计的两步估计。具体模型设置如下：

$$Y_{it} = \alpha + \beta_1 Y_{it-1} + \beta_2 X_{it} + \beta_3 Z_{it} + K_i + F_t + \varepsilon$$

[①] Manuel Arellano, Olympia Bover, "Another look at the instrumental variable estimation of error-components models", *Journal of Econometrics*, Vol. 68, No. 1, 1995, pp. 29 – 51; Richard Blundell, Stephen Bond, "Initial conditions and moment restrictions in dynamic panel data models", *Journal of Econometrics*, Vol. 87, No. 1, 1998, pp. 115 – 143.

其中 i 表示省份，t 表示年。Y_{it} 为模型的被解释变量，即地方治理绩效；Y_{it-1} 则为解释变量的一阶滞后，X_{it} 为自变量，即地方财政分权与地方财政支出结构；Z_{it} 表示控制变量。K_i 是不随年份变化的省份效用，F_t 表示不随省份变化的年份效应，ε 为残差。在实证分析中，系统广义矩估计需要满足一系列统计检验，包括误差项的一阶差分在一阶序列相关上显著且在二阶序列相关上不显著，即 AR（1）显著而 AR（2）不显著；并符合过度识别检验（Sargan test），即要求模型的工具变量外生性条件得到满足。[1] 表 4-7 与表 4-8 的模型均符合上述统计检验。接下来，我们就具体的计量结果进行相关分析与讨论。

三、实证结果与分析

我们的实证结果主要包括两个方面，即纵向的政府间支出分权与横向的政府支出结构分别如何影响政府治理绩效（分别见表 4-7 与表 4-8）。其中，我们均分别以两种方式（GI_1 和 GI_2）测量政府治理绩效，以观察政府财政支出结构对于其影响。如上所述，这主要是因为，我们一方面想观察政府支出结构对于非国有经济发展的潜在影响，另一方面也可作稳健性检验。

表 4-7 省以下财政分权与地方治理（1997—2009 年）

	（1）全样本	（2）全样本	（3）不含西藏	（4）不含西藏	（5）不含西藏与直辖市	（6）不含西藏与直辖市	（7）不含西藏与直辖市	（8）不含西藏与直辖市
	GI_1	GI_2	GI_1	GI_2	GI_1	GI_2	GI_1	GI_2
GI_1 一阶滞后	0.938*** (50.44)		0.877*** (64.62)		0.801*** (24.32)		0.829*** (24.52)	

---

[1] Stephen R. Bond, "Dynamic panel data models: a guide to micro data methods and practice", *Portuguese Economic Journal*, Vol. 1, No. 2, 2002, pp. 141-162.

(续表)

	(1)全样本	(2)全样本	(3)不含西藏	(4)不含西藏	(5)不含西藏与直辖市	(6)不含西藏与直辖市	(7)不含西藏与直辖市	(8)不含西藏与直辖市
GI_2一阶滞后		0.948***		0.911***		0.765***		0.789***
		(30.49)		(30.05)		(21.16)		(20.89)
省以下支出分权	1.835***	2.898***	0.911***	2.135***				
	(4.00)	(3.28)	(3.13)	(4.08)				
地市级支出分权					-1.973*	-1.005		
					(-1.65)	(-0.92)		
县级支出分权							1.021	2.713**
							(0.99)	(2.48)
人均GDP	-0.232**	-0.515***	0.231***	-0.114	0.552**	-0.0176	0.275	-0.234
	(-2.15)	(-4.15)	(3.10)	(-0.75)	(2.22)	(-0.07)	(0.97)	(-0.88)
人均净转移支付收入	-0.166**	-0.109**	-0.108*	-0.0868	-0.178	-0.285***	-0.0302	-0.125
	(-2.14)	(-2.43)	(-1.71)	(-1.12)	(-1.29)	(-3.59)	(-0.21)	(-0.85)
非农产业	0.168	5.430***	4.173***	5.899***	6.008***	4.631**	4.826**	3.959**
	(0.10)	(4.50)	(3.97)	(3.89)	(2.99)	(2.20)	(2.33)	(1.98)
城镇化	2.848***	3.610***	1.722***	3.731***	3.158***	5.454***	3.500***	6.220***
	(4.75)	(8.67)	(2.83)	(4.52)	(4.59)	(4.80)	(3.72)	(6.93)
人口密度	0.273***	-0.0136	-0.0703	-0.301**	0.0726	-0.0934	-0.0317	0.129
	(4.07)	(-0.27)	(-0.35)	(-2.17)	(0.34)	(-0.36)	(-0.12)	(0.66)
常数	-2.056	-2.996**	-4.822***	-3.614***	-5.717***	-6.703***	-4.358*	-5.743***
	(-1.59)	(-2.06)	(-4.66)	(-3.22)	(-4.11)	(-3.25)	(-1.88)	(-3.20)
N	369	365	360	358	312	310	312	310
AR(1)	0.001	0.001	0.001	0.000	0.000	0.000	0.000	0.000
AR(2)	0.622	0.731	0.563	0.767	0.549	0.785	0.503	0.895
Sargan test	0.997	0.997	0.998	0.999	0.999	0.999	0.999	0.999

注：1. $^{*}p<0.1$，$^{**}p<0.05$，$^{***}p<0.01$，括号内是t值（t的数值表示的是对回归参数的显著性检验值）。2. 经过检验，不存在异方差及多重共线性问题。3. 人均GDP、人均净转移支付收入、人口密度均作对数化处理。

表 4-8 功能性支出与地方治理（1997—2009 年）

	(9)全样本	(10)全样本	(11)全样本	(12)全样本	(13)不含西藏	(14)不含西藏	(15)不含西藏	(16)不含西藏
	GI_1	GI_1	GI_2	GI_2	GI_1	GI_1	GI_2	GI_2
GI_1 一阶滞后	0.940***	0.891***			0.883***	0.852***		
	(55.50)	(43.56)			(53.62)	(48.23)		
GI_2 一阶滞后			0.991***	0.953***			0.930***	0.927***
			(45.70)	(31.82)			(48.68)	(22.59)
发展性支出比重	-3.168***		-3.629***		-1.690***		-2.502***	
	(-10.88)		(-12.44)		(-6.32)		(-8.20)	
再分配支出比重		6.819***		7.139***		5.045***		6.348***
		(16.12)		(5.90)		(6.63)		(4.75)
人均 GDP	-0.0920	0.522***	-0.410***	0.300***	0.249***	0.673***	-0.0146	0.507***
	(-1.29)	(6.33)	(-3.35)	(3.03)	(3.74)	(8.06)	(-0.13)	(4.64)
人均净转移支付	0.0518	-0.320***	0.0201	-0.426***	-0.150***	-0.392***	-0.144*	-0.475***
	(0.87)	(-4.94)	(0.34)	(-6.60)	(-2.78)	(-5.88)	(-1.95)	(-6.36)
非农产业比重	2.022	-1.048	6.146***	3.117*	5.066***	2.158	6.371***	1.381
	(1.54)	(-0.70)	(4.41)	(1.73)	(5.69)	(1.53)	(4.13)	(0.49)
城镇化率	1.866***	2.120***	2.307***	2.328***	1.407**	1.447***	2.848***	2.874***
	(4.04)	(3.58)	(3.87)	(4.25)	(2.23)	(2.64)	(4.40)	(4.72)
人口密度	0.352***	0.227***	0.123**	-0.101	-0.039	-0.025	-0.206*	-0.216**
	(4.87)	(2.87)	(2.57)	(-1.12)	(-0.32)	(-0.28)	(-1.86)	(-2.02)
常数	-0.919	-4.100***	-0.107	-3.552***	-3.802***	-5.662***	-1.717	-2.960
	(-1.07)	(-4.48)	(-0.09)	(-2.58)	(-3.41)	(-5.41)	(-1.44)	(-1.50)
N	369	369	365	365	360	360	358	358
AR (1)	0.001	0.000	0.001	0.000	0.001	0.001	0.000	0.000
AR (2)	0.199	0.206	0.197	0.294	0.299	0.272	0.337	0.401
Sargan test	0.996	0.997	0.997	0.998	0.997	0.998	0.998	0.999

注：1. $*\ p<0.1$，$**\ p<0.05$，$***\ p<0.01$，括号内是 t 值（t 的数值表示的是对回归参数的显著性检验值）。2. 经过检验，不存在异方差及多重共线性问题。3. 人均 GDP、人均净转移支付收入、人口密度均作对数化处理。

我们首先讨论财政支出分权对于政府治理的影响。就省以下财政支出分权而言，无论我们是否考虑西藏①（模型1-4），如前文所预期的，利用省以下财政支出规模占全省财政支出规模比重进行衡量的财政分权对政府治理绩效的大小起到重要影响，且在所有模型中都通过显著性水平为0.01的检验。这说明，将财政支出下沉到省以下的水平越高，其政府治理水平越高，这与上述假设1相吻合。

进一步，我们还分别考察了市级支出分权与县级支出分权（均不包含西藏与直辖市）对于政府治理的影响。结果显示，市级支出分权在一定情况下侵蚀了政府治理，而县级支出分权则可以显著地促进包含非国有经济发展指标的政府治理。如前所述，市级政府更为明显的生产与基建财政特征等因素在很大程度上恶化了市场环境，使得市级财政分权很可能有损政府治理，或者至少难以产生正向的拉动作用。而县级政府则由于承担了较多的非生产性与农业支出责任，并更关注个体市场发展而带来的财政收入，同时也更为严格执行上级政府的再分配政策，这些因素使得县级支出分权更有可能促进地方治理绩效。这可以从相关研究②的结果中得到支持。

控制变量的结果则基本说明了政府治理绩效的改进往往伴随着现代化程度的深入。标志着地区现代化程度的非农产业与城镇化比重均表现出与政府治理绩效显著且稳健的边际相关性。在不考虑西藏自治区和直辖市的情况下，经济发展水平（人均GDP）在某些情况下表现出与政府绩效的正相关性，人均净转移支付收入也在一定背景下表现出对政府治理的负作用，但均不稳健。当然，政府治理绩效在时间序列上表现出较强的稳定性。

---

① 需要说明的是，在中国分省数据的实证研究中，西藏往往是一个"异常值"。由《中国统计年鉴》的相关财经数据可知，西藏的财政收入甚至高于其地方生产总值，这说明西藏是绝对高度依赖于中央的各种补贴与转移支付，从而使得西藏的财经结构迥异于其他省份，新近的研究（Fischer Andrew M.，"Subsidizing Tibet: An Interprovincial Comparison of Western China up to the End of the Hu-Wen Administration"，*The China Quarterly*，2015，pp. 1-27.）也对这一情况进行了专门讨论。因此，在实证分析时，我们通常以不包含西藏的样本作为基准。

② 李明、李慧中、苏晓馨：《财政分权、制度供给与中国农村基层政治治理》，载《管理世界》，2011年第2期。

接下来我们将讨论不同导向的财政支出结构对于政府治理的影响。由表4-8可知,无论是否纳入西藏这一样本,发展性支出与再分配支出均是政府治理绩效最为重要且稳健的解释因素,它们同样都在99%的置信区间内通过统计检验,且方向分别为一负一正,这也验证了我们假设2。其中的机制很可能是多方面的。首先,公众对政府绩效的关注逐渐从经济增长转向社会保障等再分配领域①,并逐渐重视能够保障个体权利与公共参与需求的政治绩效②。然而,由于官员具有强烈晋升激励与民意表达渠道相对缺失,地方政府很可能并未提供"正确"的公共品,因此,地方政府的财政支出导向与公众对于政府财政职能的需求在一定程度上背道而驰。其次,就宏观经济层面而言,政府发展性支出在一定程度上挤出了私人资本,或者通过投资补贴效应和风险外部化效应扭曲企业的投资行为③,由此阻碍了市场化进程与民营经济发展,从而恶化政府治理绩效。最后,就微观层面的政府官员而言,地方政府如此热衷于发展性支出与基建投资,其一方面是该支出的经济拉动效应能为其晋升打下政绩基础④,另外一方面较大的寻租与腐败空间恶化了治理环境⑤。由此观之,腐败与发展性支出很可能形成了一种"恶性循环",并将所谓的"地方发展型政府"逐步改变为"地方掠夺型政府",并直接造成了国家与社会关系的紧张和冲突。⑥

此外,在考虑财政支出导向变量之后,地区人均净转移支付收入对于政府治理的削弱则更加明显,其至少都在0.1水平上通过显著性检验(不考虑

---

① 王绍光:《大转型:1980年代以来中国的双向运动》,载《中国社会科学》,2008年第1期。
② 王正绪、游宇:《经济发展与民主政治——东亚儒家社会的公民价值观念的链接》,载《开放时代》,2012年第6期。
③ 江飞涛、曹建海:《市场失灵还是体制扭曲——重复建设形成机理研究中的争论、缺陷与新进展》,载《中国工业经济》,2009年第1期。
④ 王世磊、张军:《中国地方官员为什么要改善基础设施?——一个关于官员激励机制的模型》,载《经济学(季刊)》,2008年第2期。
⑤ 张军、高远、傅勇、张弘:《中国为什么拥有了良好的基础设施?》,载《经济研究》,2007年第3期。
⑥ 吴一平:《财政分权、腐败与治理》,载《经济学(季刊)》,2008年第3期。

西藏)。如前所述,这与地区转移支付水平助长政府规模扩张①、转移支付制度缺陷阻碍财政资源下沉到基层②以及某些专项转移支付的失效③等研究发现是一致的。其影响机制可能表现在相互关联的两个方面。首先,由于"花别人的钱"软化了预算约束,地方政府并没有足够激励来保证该收入的使用效率;同时,由于监管等制度设计相对缺失,地方政府还可能将其挪作再生产投资之用,从而弱化中央促进社会发展与公共服务均等化等原始目标。另外有研究表明,中央针对各省的转移支付还会引发地方政府腐败④。这些发现与解释机制都在一定程度上加剧了中国转移支付体制的负作用。模型中其他控制变量并未表现出比自变量更强的解释力,依然符合"现代化理论"逻辑,即政府治理绩效的改善往往与经济增长、工业与服务业发展与城镇化等现代化进程紧密相关,并在时间序列上表现出较强的稳定性。

四、初步结论

伴随着从计划经济体制向市场经济体制的转型,我国公共支出政策与结构均发生了深刻的转变。财政支出目标的实现程度既取决于政策制定、规划和执行的有效性,更取决于如何分配财政资金⑤,这包括支出、监管功能在政府间如何分配,以及政府间转移支付体制。此外,林毅夫等人的研究还强调,在分析分权与地方治理时,我们应重点关注三个方面,即我国是一个由五级政府组成的大国,并正处于高速的市场化转型之中,其核心政治规则是党管

---

① 庄玉乙、张光:《"利维坦"假说、财政分权与政府规模扩张:基于1997—2009年的省级面板数据分析》,载《公共行政评论》,2012年第4期。

② Alfred M. Wu, "Determinants of Expenditure Decentralization: Evidence from China", *World Development*, Vol. 46, 2013, pp. 176 – 184.

③ Xiaobo Lü, "Intergovernmental transfers and local education provision — Evaluating China's 8 – 7 National Plan for Poverty Reduction", *China Economic Review*, Vol. 33, 2015, pp. 200 – 211.

④ 范子英:《转移支付、基础设施投资与腐败》,载《经济社会体制比较》,2013年第2期。

⑤ 经济合作与发展组织:《中国公共支出面临的挑战:通往更有效和公开之路》,清华大学出版社2006年版。

干部。① 这些要素也是我们进行相关讨论的重要背景。基于此，本书考察了地方纵向的财政分权与横向的财政支出导向对于政府治理绩效的影响，前者以相应的省以下各级政府财政支出占各省财政总支出的比重来测量，后者则分为发展性支出与再分配支出两大类。主要研究发现包括以下三个方面。

首先，省以下财政支出分权将会显著促进政府治理水平，即下沉到地市和县乡的财政支出越多将带来更好的政府治理。具体而言，在一定情况下，县级支出分权将有利于政府治理绩效的改善，而市级支出分权则与之相反。这很可能因为分税制后，国企与乡镇企业经营困难、财政收支缺口加剧所带来的县乡财政的困境，一方面，使得县级政府在收入上更加注重培育工商业园区等个别市场的发展；另一方面，在支出上下沉到县级财政资源更有可能在边际影响上促进政府治理绩效的改善。而相对于其他政府层级而言，市级政府有城市中心主义倾向，将更多资金用于城市建设，不利于均衡地提高整个地区的总体治理水平，并在一定情况下恶化了政府治理。

其次，地方政府不同导向的财政支出结构则对政府治理绩效产生了截然相反的边际影响：再分配支出比重将会提升地方政府治理绩效，而发展性支出则会显著地拉低政府治理绩效。这主要是因为，政府的相当一部分发展性支出用于各类基础设施建设与再生产，不仅对于私人资本产生了"挤出效应"，更为腐败以及各类寻租创造了空间。显然，不尽平衡的财政支出结构妨碍公共财政体制建设和向公共服务型政府转型。

此外，值得注意的是中央转移支付对于地方治理绩效改善的"失灵"。中国转移支付设计的主体目标在于弥补地方财政收支缺口，然而由于机制与细节监管上不完善，从而产生了更多的"麻烦"。② 这主要是因为，中央的各类转移支付均可能被各级政府截留、分拨，被挪作再生产或基建投资之用，或

---

① Lin Justin Yifu, Ran Tao, and Mingxing Liu, "Decentralization and Local Governance in China's Economic Transition", *Decentralization and local governance in developing countries: A comparative perspective*, 2006, pp. 305 – 328.

② Shah Anwar, *A Practitioner's Guide to Intergovernmental Fiscal Transfers: principles and practices*, World Bank Publications, 2007.

者用于壮大本级政府规模。[①] 这就在很大程度上"异化"了中央转移支付促进社会发展与公共服务均等化的既定政策目标，并进一步影响了各级政府之间的财政支出分权结构。

至此，基于上述结论与讨论，笔者认为政府的财政职能与政府间转移支付体制在诸多方面亟待改善。长远来看，笔者认为首要的是改革政府间财政关系，使得各级政府在财权与事责上更加匹配。显然，这需要建立更加公平与高效的转移支付体系，比如明确总量转移支付的原则、计算公式以提高转移支付对地方财政努力的激励作用[②]，设立专门机构或委员会以加强对于转移支付资金使用的监管，以及通过法律法规等规范性设计完善省以下财权分享、支出责任的划分等。此外，在政府支出导向上，在未实现中央统筹之前，地方政府应逐步提高医疗卫生、社会福利、住房改革等社会发展与再分配支出比重。更为关键的是，按功能原则改革支出核算体系，提高支出透明度，从而明确地决定与评估用于重要的社会、发展与战略性需求领域的支出。[③] 总之，伴随着更加深入的现代化与市场化改革进程，为了寻求善治，从中国正反两方面的经验出发，建立完善的公共财政体系需要在纵向财政分权与横向支出导向两个维度上同步进行。

[①] Alfred M. Wu, "Determinants of Expenditure Decentralization: Evidence from China", *World Development*, Vol. 46, 2013, pp. 176–184；吴木銮：《我国政策执行中的目标扭曲研究——对我国四次公务员工资改革的考察》，载《公共管理学报》，2009年第6期。

[②] 乔宝云、范剑勇、彭骥鸣：《政府间转移支付与地方财政努力》，载《管理世界》，2006年第3期。

[③] 经济合作与发展组织：《中国公共支出面临的挑战：通往更有效和公平之路》，清华大学出版社2006年版。

第五章 案例分析

一、案例选择

混合方法研究设计的哲学基础并非实证主义或阐释主义,而是实用主义的世界观(Pragmatist Worldview),即聚焦于研究的结果,偏重于研究问题而非方法,以解决研究困难为核心要务。[1] 基于此,混合方法或多元方法研究的基本原则便是将跨案例因果推断(cross-case causal inference)与案例内因果推断(within-case causal inference)"融为一体",核心任务则是通过多元的方法以形成因果分析的基础。[2] 因此,在特定的多元方法研究中,基于特定目标的案例选择往往起到承上启下的关键作用。换言之,对于"链接"了跨案例与案例内分析的特定研究设计,其"链接"的正当性与解释效度往往取决于如何选择案例。

本章第一部分所要解答的是,应当如何根据相应的目标来选择合适的个案或一组案例,以进行后续的案例内分析。在探讨个案选择的策略之前,我们还需要探讨三个问题:混合方法研究的核心目标是什么?基于立意选择的个案研

---

[1] John W. Creswell, Vicki L. Plano Clark, *Designing and Conducting Mixed Methods Research*, SAGE Publications, Inc., 2011, p. 41.

[2] Gary Goertz, *Multimethod Research, Causal Mechanisms, and Case Studies: An Integrated Approach*, Princeton: Princeton University Press, 2017, p. 5.

究或案例内分析在其中的主要作用是什么？以及，就本研究的案例规模和分析路径而言，我们可以选择哪些类型的案例以完成核心的研究目标？最后，我们将利用基于回归分析为基础的案例选择技艺来选择后续分析的核心案例。

（一）混合方法研究设计中的个案研究及其主要作用

自从20世纪60—70年代以来，随着计算能力、数据库建设、统计方法与软件以及形式模型的发展与应用，社会科学研究也逐渐进入跨学科整合与混合、多元方法研究的新阶段。部分研究者不再拘泥于不同研究方法在本体论与认识论上的"冲突"，而尝试将这些方法纳入整合性的研究设计之中，取各自所长以完成相应分析任务，从而完成某一核心的因果推断目标。

本研究所采用的解释性研究设计，在于将多种方法"集成化"（integration），而非三角校正（triangulation）。前者主要考量的是，所采用的每一种方法的优劣何在，并通过使用另外的方法以检验、修正或支持核心假设，从而最小化这一方法在因果推断中的弱点；而后者的核心目标则是，通过使用两种（或更多）不同的方法，检验两种方法得出的结论是否存在显著差异。①

由于本书关注的是如何结合多案例分析与案例内分析，且以跨案例分析在先的设计类型，故而非随机化案例选择策略便是我们关注的焦点。② 如表5-1所示，跨案例研究与个案研究的目标与作用差异较大。前者一般旨在进行理论验证、估计因果效应。而质性研究层面的案例分析则通常是通过生成新的解释性假说去回答探索性的问题，或者深度讨论特定条件下的因果机制及其连带现象。③ 因而，案例分析的主要目标也"不仅是讲故事或展示数

---

① Gary Goertz, *Multimethod Research, Causal Mechanisms, and Case Studies: An Integrated Approach*, Princeton: Princeton University Press, 2017, pp. 4-9.

② 本文关注的是如何通过目的性的选择策略以选择符合满足特定目标的案例，并不关注案例的样本代表性问题，因此，通过随机或概率抽样选择案例并不在本书关注的范围之内。后者更多的是"技术"而非"技艺"问题。

③ Andrew Bennett, Alexander George, *Case Studies and Theory Development in the Social Sciences*, Cambridge, Mass: MIT Press, 2005.

据,而是力求通过这些具体信息,挖出对一些基本关系类别、基本特征表象、基本行为范型的认识",即"通过讲故事发现这些知识(而非讲故事本身),是社会科学案例分析的基本目标"。①

表 5–1 个案与跨案例研究设计的一般性比较

	个案研究	跨案例研究
研究目标		
假设	生成型(generating)	验证型(testing)
有效性(validity)	内部的(internal)	外部的(external)
因果洞见性(insight)	机制(mechanism)	效应(effect)
命题范围	深度(deep)	广度(broad)
实证因素		
个案的总体	异质性(heterogeneous)	同质性(homogeneous)
因果的强度	强	弱
有用的变异度	几乎没有(rare)	普遍的(common)
数据可获取性	集中的(concentrated)	分散的(dispersed)
其他因素		
因果的复杂程度	不确定的	
给定领域的研究状况	不确定的	

资料来源:Gerring J., *Case Study Research*:*Principles and Practices*, Cambridge:Cambridge University Press, 2007, p.38.

就此而言,案例分析不仅可以通过对单个或少数分析单元的深入研究,以理解规模更为庞大的相似的(或相反的)分析单元或案例,还可以为跨案例分析中的相应关系提供潜在的机制解释。② 基于此,这一研究设计的基本思路便是:在初步明确某种现象或变量之间的关系之后,再选择符合特定目标的案例进行深入分析以完成因果推断的目标。正如杰森·西奈特

---

① 张静:《案例分析的目标:从故事到知识》,载《中国社会科学》,2018 年第 8 期。
② John Gerring, "What Is a Case Study and What Is It Good For?", *American Political Science Review*, Vol.98, No.2, 2004, pp.341–354; John Gerring, *Case Study Research*:*Principles and Practices*, Cambridge:Cambridge University Press, 2007, p.37.

(Jason Seawright)所强调的那样,"只有将个案研究整合进统计建模之中,整合性的多元方法研究的全部潜力才能得以实现:在一开始运用推断性统计分析以检验核心假设的研究者,同样应当重视如何将案例研究整合为更为系统性与扩展性的研究设计"①。

上述设计虽然在一定程度上为我们理解个案研究在多元方法研究中的作用提供了诸多启示,但是,需要注意的是:这一研究设计不仅需要进行稳健性评估的案例分析,同时也需要进行以厘清因果机制为目标的案例分析。② 目标不同则往往意味着个案选择的方法存在差异。③ 总体来看,在单一的质性研究和以多元方法为导向的研究中,个案研究的目标存在较大差异:前者基本呈现于表5-1之中;后者则更为多元,这使得个案选择的策略以及为选择个案所进行合理性辩护也更为复杂。

(二)大样本分析中的案例选择:基于回归分析的选择"技艺"

对于如何进行案例选择,首先需要明确:跨案例分析路径是什么,有多少案例可供我们选择,以及我们选择案例的目的是什么。通常而言,跨案例分析路径与可供我们选择的案例规模紧密相关——因为不同的因果逻辑,往往指引了多元方法研究者选择哪些案例进行初步的跨案例分析。如表5-2所示,结合案例选择的目的,我们将大样本分析中的案例类型及其作用总结如下。

---

① Jason Seawright, *Multi-Method Social Science: Combining Qualitative and Quantitative Tools*, Cambridge: Cambridge University Press, 2016, pp. 70–71.
② 当然,稳健性评估与以因果机制为目标的分析并非互斥性的,但前者的作用更多是"三角校正"。
③ 比如,叶成城等的研究则集中讨论,基于时空的案例选择如何使得社会科学中的案例研究更具同质性与可比性(参见叶成城、黄振乾、唐世平:《社会科学中的时空与案例选择》,载《经济社会体制比较》,2018年第3期)。

表 5-2 大样本分析中的案例类型及其主要作用

案例来源	案例类型	定义	作用
从总体中通过随机或概率抽样抽取的样本；或者是在一定时空范围内的总体本身	典型（typical）案例	一个（组）反映了某种跨案例关系的实例	验证性的；用以探究某一理论的因果机制
	多样型（diverse）案例	两个或多个在 X、Y 或 X/Y 中呈现多样化取值的案例	探索性或验证性的；用以说明 X、Y 或 X/Y 的全距
	极端（extreme）案例	一个（组）相对于 X 或 Y 的单一分布呈现出极端取值的案例	探索性的；对 X 或 Y 进行无限制性的探究
	异常（deviant）案例	一个或多个偏离了某种跨案例关系的案例	探索性的或验证性的；用以探究对 Y 的新解释，从而确认某一决定性的因果关系；或者用以对现有（罕见的）解释进行证实或证伪
	路径型（pathway）案例	一个（组）使得模型残差发生重大变化的案例，即这些案例将对包含 X 与排除 X 模型的残差产生重要影响	用以探究哪些案例对某条因果路径产生了重要的"偏离"作用

注：1. 对于典型案例、多样型案例、极端案例、异常案例的说明参考了 Seawright 和 Gerring 的说明；对路径型案例的总结则参见了 Gerring 的研究①；2. X 为核心解释变量，Y 为被解释变量，X/Y 表示 X 与 Y 之间的某种相关关系。

在以大样本量化相关为跨案例分析的多元方法研究中，连接案例内分析的个案选择策略通常会以变量或变量间关系以及代表性为选择标准。基于此，其选择的案例便可主要分为五大类。A. 典型案例：此类案例通常

---

① Jason Seawright, John Gerring, "Case Selection Techniques in Case Study Research: A Menu of Qualitative and Quantitative Options", *Political Research Quarterly*, Vol. 61, No. 2, 2008, pp. 294–308; John Gerring, "Comparative Political Studies Is There a (Viable) Crucial-Case Method?", *Comparative Political Studies*, Vol. 40, No. 3, 2007, pp. 231–253.

"映射"了某种跨案例关系(其往往正好位于回归线之上或其附近),往往最具代表性。B. 多样型案例(组):这类往往需要通过配对、分组或交叉表来进行相应的比较,其可用于展示变量或变量间关系的范围。C. 极端案例:此类案例通常是相对变量的某种分布而言,其更多是用于跨案例分析之中的假设生成研究。D. 异常案例:偏离某种关系(比如线性回归线)的案例,既可用以探究对因变量的新解释,也可以对现有解释进行证实或证伪。E. 路径型案例:通常是在某种关系中具有较大"权重"或影响力的案例,其可用于探究哪些案例会对某条因果路径产生了重要的"偏离"作用。通常而言,典型案例、异常案例与路径型案例偏重于对变量间关系的机制验证,这也是我们在第三部分所关注的案例选择类型。

因此,在多元方法研究中,我们选择什么样的案例以进行后续的案例内分析,主要是基于我们选择哪一类跨案例分析的路径,以及个案分析试图完成的核心目标。

在多元方法研究中,似乎并不存在"如何挑选案例"的最优方法,这要取决于跨案例分析的路径以及具体的研究设计与目标等。而且,研究者往往根据具体目标有选择地运用多种方法来选择案例。[①] 然而,我们关注的典型案例、异常案例与路径型案例,均是基于回归的选择策略。

(三) 典型案例与异常案例

在前述的跨案例研究中,本书对省以下财政结构与地方治理绩效的关系进行了分析。具体而言,通过对1997—2009年的省级面板数据的计量分析,

---

[①] 比如,在挑选云南与贵州作为解释地区贫困率变动的比较研究中,作者综合使用了三种案例选择方法:最相似案例设计——选择那些在尽可能多的外生因素上相似的配对案例,从而控制这些因素;多样性案例——根据"一篮子"变量来选择案例;而异常案例设计——寻找案例来理解那些新颖的却还未详细说明的解释。参见 John A. Donaldson, *Small Works: Poverty and Economic Development in Southwestern China*, Cornell University Press, 2011。

研究主要发现：(1) 省以下支出分权水平可以显著地促进地方治理绩效，且这种促进作用更多地体现在县级而非市级支出分权；(2) 地方净转移支付收入在多数情况下会显著恶化政府治理绩效。

为了挑选具体的省份进行机制分析，该研究试图建构一个简单的线性回归来选取合适的异常与典型案例。具体而言，即是将选择若干关键的变量来建构一个简单的 OLS 模型，并根据其残差情况来选择相关案例。根据研究问题，并考虑到各变量的历时变动情况（单调递增或递减、波动递增或递减等），我们选择如下变量并作相应测量。

出于历时性的考量，因变量为"地方治理指数的变动程度"（除西藏外均为单调递增），该变量以 2009 年与 1997 年的地方治理绩效差值作为其测量方式（即 GI_1 与 GI_2）。① 自变量包括：(1) 经济发展变动情况，即人均 GDP 的增量如何，其测量方式为，以各地区 2009 年的人均 GDP 减去其 1997 年的值（以 2001 年不变价调整）再除以 1997 年的人均 GDP；(2) 由于各地区财政支出分权在其时段内呈现的上下波动的情况，因此，研究以 1997—2009 年的均值来进行操作化；(3) 各地区地方治理的初始值，即各地区 1997 年的治理绩效纳入控制；(4) 此外，根据地域特征将各省划分为四类：东部沿海地区、中部地区、西部地区以及东北三省，并以西部地区为参照组。

表 5-3 简要汇报了各变量的回归系数方向和显著性。无论是治理指数 Ⅰ 还是治理指数 Ⅱ 的变动，其与人均 GDP 的增长、省以下财政分权程度均正相关；此外，相对于西部地区，东部沿海地区的地方治理绩效增长的更快。两个模型调整后的 R 方大致在 0.45 以上，表明挑选的变量大致可以解释各地区治理指数变动的一半左右；鉴于影响地方治理因素的多样和复杂，这也是一个比较合理的程度。

---

① 在该研究中，笔者使用了两种测量方法：第一种地方治理绩效包括政府与市场以及政府与社会的指标；第二章测量还纳入了"非国有经济"发展的相关指标；两种测量均是以简单加权平均来测度地方政府治理水平。

表 5-3　基于回归的案例选择模型

回归模型简报		变量	测量
因变量	治理绩效变动	治理指数$_{2009}$ - 治理指数$_{1997}$	
自变量	人均 GDP 变动	(人均 GDP$_{2009}$ - 人均 GDP$_{1997}$) / 人均 GDP$_{1997}$	+**
	省以下财政支出分权	1997-2009 年各地区财政支出分权均值	+** 或 +*** (GI_2)
	治理绩效初始值	1997 年治理指数	-
	区域	类别变量：东部沿海；中部；西部；东三省（以西部为参照组）	中部：+ 东部沿海：+*** 东三省：+

注：1. 本书并未报告具体的回归表格，因变量包括两类治理绩效，除了显著性水平略有差异外，其系数方向均一致，"+"表示系数为正、"-"表示系数为负；2. *p<0.05，**p<0.01，***p<0.001，模型的 R 方为 0.5 左右，调整后的 R 方为 0.45 左右；3. 人均 GDP 按照 2001 年不变价进行调整；4. 模型样本为包括四个直辖市与西藏，样本数为 26。

模型的残差，即每个点距离回归线的垂直距离——异常案例即高残差案例。[1] 在该项研究中，残差为各地区实际的地方治理绩效与预测值的差值。简单而言，如果一个点离回归线越近，便表明其残差值由随机因素生成的可能性越高。如表 5-4 所示，从模型来看，如果将残差按照降序排列，可以发现浙江与河北分布均在正负残差的两端。对于浙江而言，根据模型所得的预测值为 6.4 左右，但实际值为 10，这说明，除了所选变量外，存在其他因素拉高浙江的地方治理绩效；而河北则正好相反，其预测值为 5.2 左右，实际值仅为 2.5，这说明尚有其他因素使得河北本应更好的地方治理越发糟糕。在此意义上，浙江与河北也可以作为一组多样性案例纳入之后的比较分析。[2]

---

[1] Jason Seawright, John Gerring, "Case Selection Techniques in Case Study Research: A Menu of Qualitative and Quantitative Options", *Political Research Quarterly*, Vol. 61, No. 2, 2008, pp. 294-308.

[2] 整体而言，浙江走的是一条与多数地区差异较大的发展道路，其侧重于市场化进程、私营企业以及县域经济的发展——这实际上为我们理解地方治理影响因素提供了丰富的"正面"素材。而由于河北紧邻首都、发展与治理的自主性有限等原因，其发展之路则偏重于国有企业以及政府性投资等计划路线。

表5-4 基于案例选择模型的地区残差汇总

因变量为 GI_1				因变量为 GI_2			
省份	原始值	预测值	残差	省份	原始值	预测值	残差
浙江	10.030	6.388	3.642	浙江	9.232	6.159	3.007
江苏	9.500	5.906	3.594	江苏	9.161	6.341	2.891
安徽	5.220	3.306	1.914	安徽	4.994	3.349	1.645
陕西	3.035	1.892	1.143	宁夏	3.420	2.220	1.200
宁夏	2.470	1.557	0.913	青海	2.724	1.687	1.037
青海	2.190	1.280	0.910	云南	3.944	3.011	0.933
云南	3.735	3.169	0.566	黑龙江	3.438	3.164	0.274
黑龙江	3.345	2.884	0.461	陕西	2.868	2.673	0.195
湖北	3.700	3.302	0.398	吉林	3.576	3.410	0.166
吉林	2.925	2.704	0.221	新疆	2.530	2.398	0.132
广东	5.900	5.907	-0.007	湖北	3.842	3.747	0.095
新疆	2.015	2.162	-0.147	江西	3.802	3.866	-0.064
四川	3.580	3.882	-0.302	福建	5.240	5.493	-0.253
湖南	2.790	3.184	-0.394	四川	3.886	4.177	-0.291
江西	3.115	3.638	-0.523	河南	3.752	4.160	-0.408
广西	2.375	2.903	-0.528	辽宁	4.128	4.568	-0.440
福建	5.250	5.779	-0.529	广东	5.902	6.342	-0.440
山西	2.540	3.164	-0.624	内蒙古	3.948	4.460	-0.512
辽宁	3.465	4.147	-0.682	湖南	3.118	3.666	-0.548
河南	3.140	3.912	-0.772	广西	2.802	3.464	-0.662
贵州	2.200	3.005	-0.805	山西	2.638	3.358	-0.720
甘肃	1.940	2.750	-0.810	贵州	2.364	3.263	-0.899
内蒙古	3.535	4.475	-0.940	甘肃	1.898	3.030	-1.132
海南	1.950	3.846	-1.896	山东	4.898	6.233	-1.335
山东	4.295	6.331	-2.036	海南	2.702	4.290	-1.588
河北	2.460	5.228	-2.768	河北	3.134	5.416	-2.282

资料来源：根据相关数据和回归模型所制。

典型案例（即低残差案例）的选择则需要进行综合的考量。在典型性上，残差小于0.5（绝对值）左右且在两个模型中均出现的包括黑龙江、吉林、湖北、广东、四川以及新疆；如果限定更为严格，残差小于0.3左右且在两个模型中均出现的只有四川。此外，我们也对地方净转移支付收入与地方治理绩效的负相关关系感兴趣。而在上述所有相对典型的案例中，只有四川属于"低收入分权—高支出分权"的类型，即具有较高的人均净转移支付收入的特征。换言之，四川将大部分收入集中于省本级，同时其支出又是高度分权的，因此，四川省以下相当部分的支出是依靠来自省或中央的财政转移支付。基于此，我们可以选择四川作为机制分析的典型案例——一方面因为其在财政支出分权与地方治理绩效的关系上较为典型，另一方面其也是过高的省以下转移支付与地方治理绩效这一关系的典型案例。

表 5–5　关于省以下财政支出与收入分权的类型学

		收入分权	
		低	高
支出分权	低	甘肃；黑龙江；陕西；宁夏；青海；海南	—
	高	四川	浙江；山东；福建；河南；江苏

注：分别将各地区（除去西藏和直辖市）的支出分权与收入分权进行排序。在26个样本中，如果以前8位为"高"，后8位为"低"，由此便可得到上述类型学的划分。

（四）路径影响型案例

为了选取路径影响型案例，即那些受到某个自变量影响较大的案例，我们可以通过比较每个案例在完整模型（即模型1）与简约模型（即模型2）中的残差大小。[①] 路径影响型案例可以通过 $Res_{reduced}$ 与 Res_{full} 的差的绝对值来选择：前者的绝对值大于后者的绝对值，且残差差值的绝对值最大（或较大）

[①] John Gerring, "Comparative Political Studies Is There a (Viable) Crucial-Case Method?", *Comparative Political Studies*, Vol. 40, No. 3, 2007, pp. 231–253.

时的（一组）案例，便是路径影响型案例。

$$Y = Constant + X_1 + X_2 + Res_{full} \tag{1}$$

$$Y = Constant + X_2 + Res_{reduced} \tag{2}$$

在选择路径影响型案例时，我们之所以限定简约模型残差绝对值要大于完整模型残差的绝对值，是为了确保，加入的解释变量（即 X_1）是将该案例"推向"回归线，而不是与之相反。

我们同样基于上述研究来讨论此类案例的选择应用。在此，我们关注的是地方固定资产投资比重与地方治理绩效的关系，因此，我们将 1997—2009 年地方固定资产投资占 GDP 比重的均值这一变量（即 X_1）纳入表 5–3 的模型之中（其余解释变量为 X_2）。下表则为各案例在完整模型与简约模型中的残差之差汇总。

表 5–6　地方固定资产投资比重中的潜在的路径影响型案例

省份	Res_{full}	$Res_{reduced}$	差值	绝对值	省份	Res_{full}	$Res_{reduced}$	差值	绝对值
北京	-1.63	-2.37	-0.74	0.74	河南	-1.22	-0.90	0.32	
天津	2.40	1.57	-0.84		湖北	-0.47	-0.33	0.14	
河北	-2.32	-2.17	0.14		湖南	-1.32	-1.22	0.10	
山西	-1.04	-1.02	0.02		广东	0.16	0.37	0.21	0.21
内蒙古	0.51	0.65	0.15	0.15	广西	-1.25	-1.05	0.20	
辽宁	-2.26	-1.99	0.27		海南	-2.11	-2.38	-0.27	
吉林	-1.74	-2.07	-0.33	0.33	重庆	-0.29	-1.16	-0.87	0.87
黑龙江	-1.02	-1.21	-0.18	0.18	四川	-0.48	0.02	0.50	
上海	3.58	3.99	0.42	0.42	贵州	-0.73	-0.69	0.04	
江苏	4.07	4.43	0.36	0.36	云南	1.15	1.33	0.18	
浙江	5.20	4.67	-0.53		陕西	0.38	0.01	-0.37	
安徽	1.93	1.97	0.05	0.05	甘肃	-0.99	-0.94	0.04	
福建	1.00	1.23	0.23	0.23	青海	0.69	0.08	-0.61	0.61
江西	-1.04	-0.80	0.24		宁夏	0.21	-0.25	-0.46	0.46
山东	-0.81	-0.40	0.41		新疆	-0.46	-0.57	-0.11	0.11

注：没有汇报绝对值即表明该案例不符合上述关于简约模型残差的绝对值要大于完整模型残差的绝对值这一限定。

基于上述分析,重庆可以作为路径影响型案例来进行详细分析。相比于其他三个直辖市,重庆的治理绩效增长也是最为缓慢的,两种地方治理绩效分别为3.62与3.96,而前三者均在4.5以上。① 我们特别关注偏重计划式的投资拉动型经济增长方式对地方治理产生了哪些不利的影响。当然,最为主要的原因在于,该案例在固定资产投资与地方治理绩效这一关系中具有最为重要的理论权重,对该案例的深入分析可以为我们揭示这一因果路径的潜在机制。

综上所述,我们根据多种方法和不同考量来选取案例(见表5-7),并侧重于不同的研究目的,以探寻上述量化结果背后的可能机制。接下来,我们将分别对如下案例进行详细分析。

表5-7 案例选择方法与研究目的

选取案例	案例属性	案例选择方法与原因	研究目的
浙江	典型案例	以回归模型及其残差来挑选异常案例	关注其私营企业发展与财政制度对于地方治理的影响
四川	异常案例	以回归模型及其残差来挑选的典型案例,并结合财政支出、收入分权的类型学加以支持	关注省内转移支付可能在哪些方面恶化该地的地方治理
重庆	路径影响型案例	以回归模型及其残差来挑选路径影响型案例;且在直辖市中,其地方治理绩效增长相对缓慢	地方发展导向、目标与地方治理的关系

资料来源:作者自制。

二、浙江:财政分权、民营经济与地方治理

(一)浙江的发展与治理概况

浙江的经济起飞几乎与改革开放同步。从中华人民共和国成立初期至改革

---

① 上海分别为8.93与8.03,天津分别为6.20与5.90,北京分别为4.57与5.06。

开放，由于各种原因，与全国大多数地区一样，浙江一直处于相对落后的状态。在 1976 年，浙江省的人均 GDP 相当于全国平均水平的四分之三，且人均工业产值仅为全国一半。① 同时，由于河流、湖泊众多等地理因素，其省内交通设施与工业基础也较为落后。② 而且，浙江农业资源禀赋方面更是相对稀缺：其地理面积是全国所有省份中最为狭小的，其中山地与丘陵便占了七成，河流与湖泊又占了 6.4%，剩下的可耕种土地面积仅为 200 多万公顷。③

而且，浙江在改革开放前得到的国家计划投资也相对较少：从 1953—1978 年国有单位固定资产来看，浙江省人均国有投资合计只有 411 元，仅为全国人均水平的 52.5%（位居全国倒数第二，仅居西藏之前）。而改革开放以来，浙江所能得到的国家计划内投资仍不多：在 1982—1989 年，浙江的国有投资占全国总额的 2.5%，而当时其 GDP 占全国 4.9% 的水平。④ 正是在这样的背景下，浙江在较短时间内从一个农业省一跃成为全国经济大省（见图 5-1），经济发展各项指标位居全国前列，比如城镇居民人均可支配收入连续八年、农村居民人均纯收入连续 24 年列全国各省区第一位。⑤

而且，根据本书选取的地方治理指数，浙江的治理绩效不仅起点较高（1997 年为 6.17，最低值是 1999 年的 5.87），而且增长幅度也较快（最大值为 2009 年的 11.8）。具体来看，地方治理指数包括三大指标，分别是包含政府如何减少市场干预、降低税费以及压缩自身规模等指标的"政府与市场"指数，衡量民营经济发展情况的"非国有经济发展"指数以及测量律师、会计等职业人员和法治情况等的"政府与社会"指数（具体指标见表 3-2）。从

---

① 参见国家统计局：《新中国五十五年统计资料汇编》，中国统计出版社 2005 年版。
② Brehm Stefan, "Fiscal Incentives, Public Spending, and Productivity-County-Level from a Chinese Province", *World Development*, Vol. 46, 2013. pp. 92 – 103.
③ 财政部：《中国省以下财政体制》，中国财政经济出版社 2007 年版。
④ 参见国家统计局：《新中国五十五年统计资料汇编》，中国统计出版社 2005 年。
⑤ 参见浙江省统计局、国家统计局浙江调查总队：《2008 年浙江省国民经济和社会发展统计公报》，2009 年。

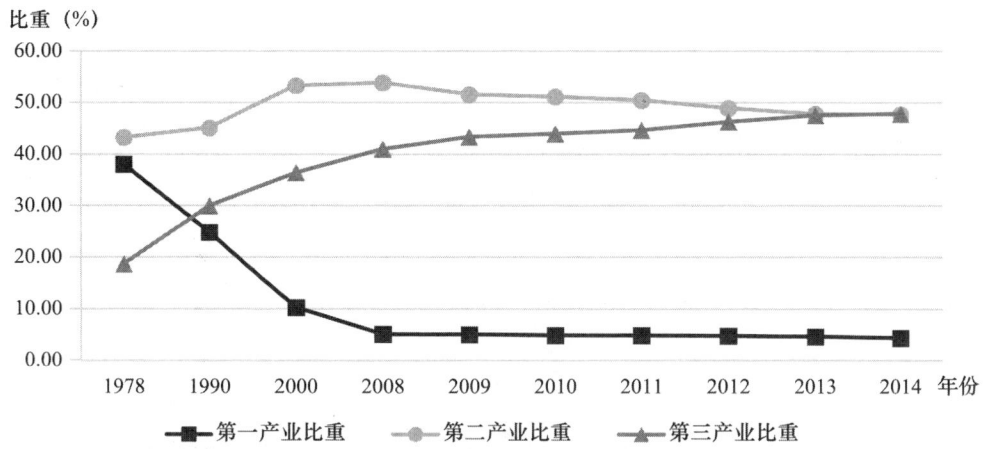

图 5–1 浙江省三大产业比重（1978—2014 年）

资料来源：浙江省统计局、国家统计局浙江调查总队（历年）。

图 5-2 可以看出，浙江的"政府与市场"指数增长最为缓慢，"政府与社会"指数其次，增长最为显著且高速的是"非国有经济发展"指数，其从初期的 1.97 增长到 2009 年的 19.85——其增长幅度在全国所有地区中是最大的。因此，从我们所关心的地方治理绩效增长来看，浙江的民营经济发展无疑对此贡献甚大。这与我们对于浙江高速发展与繁荣的民营经济的认知也是相符的。因此，在分析浙江这一案例时，我们也会着重论述浙江民营经济的发展状况。

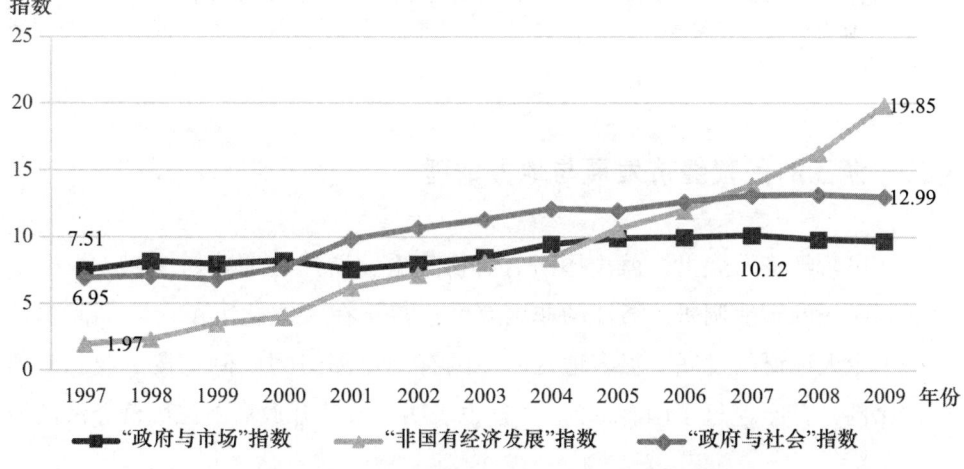

图 5–2 浙江地方治理绩效相关构成指数（1997—2009 年）

资料来源：樊纲、王小鲁、朱恒鹏：《中国市场化指数——各地区市场化相对进程 2011 年报告》，经济科学出版社 2011 年版。

此外，在我们所关注的省以下财政体制中，浙江的特征也是极为鲜明的。其省以下财政支出占全省支出的比重在全国所有地区中是最高的，而其省以下财政收入占全省收入的比重也是极高的（具体排名见表4-3，历年趋势见图5-3）。换言之，笼统来看，如果不考虑省以下转移支付的再分配效应，浙江省的财政体制基本符合"取之于省以下、用之于省以下"的特征。因此，浙江省的财政体制尤其是省管县的制度也将是本章节的兴趣所在。接下来我们将具体阐述。

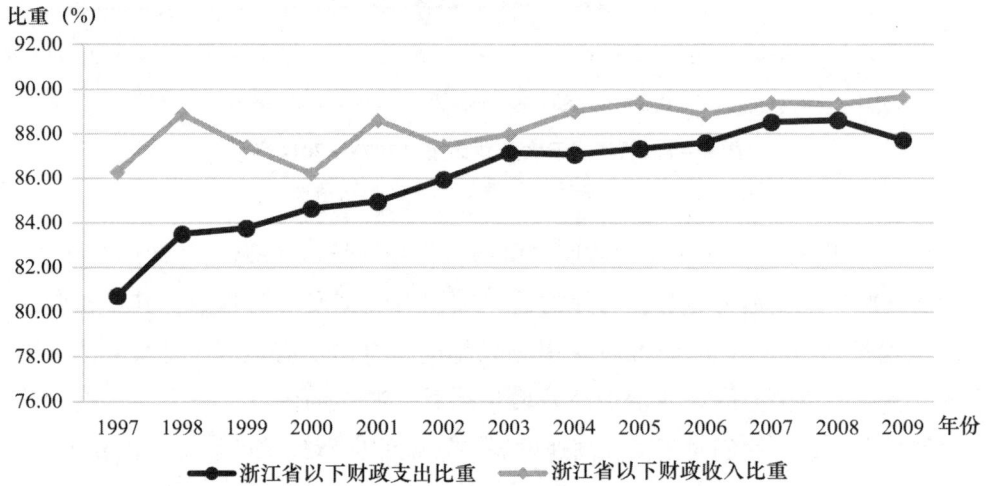

图 5-3 浙江省以下收入与支出分权（1997—2009 年）

资料来源：财政部国库司、预算司：《全国地市县财政统计资料》，中国财政经济出版社（历年）。

（二）浙江的民营经济发展与地方治理

在民营经济发展上，就全国所有省份来看，浙江可谓独树一帜。根据章奇、刘明兴的实地调研，浙江的非国有经济甚至在"文化大革命"期间仍然获得了令人惊讶的发展，很多地区的非国有工业部门的规模（按工业总产值所占比例）甚至超过了国有部门。[①] 这也表明，改革开放后浙江民营经济的异

---

① 章奇、刘明兴：《民营经济发展地区差距的政治经济学分析：来自浙江省的证据》，载《世界经济》，2012年第7期。

军突起有着重要的民间基础。不仅如此,进入20世纪90年代以来,一些重要的数据说明,浙江省民营经济的发展步伐从未停止,比如到2008年底,浙江省民营经济部门的从业人员比重、销售额、注册资金以及出口价值等数据与之前相比均达到相当的增长。①

这与全国的趋势不太相同。在中国数十年的改革中,其中关键的改革是"让国有企业引入竞争机制,相互之间、与外国公司之间、特别是与大量新建的私有、半私有和集体所有制企业之间展开竞争"②。托马斯·罗斯基(Thomas Rawski)也认为,在中国前20年(1978—1998年)的经济改革中,其更侧重于通过打破国家垄断和消除壁垒来强化竞争,而非通过私有化。③

尤其是进入20世纪90年代以来,中央政府的政策偏好明显导向了国有企业与外资企业。④ 在本书主要关注时间段的末期,在公布的《第八次全国私营企业抽样调查数据分析综合报告》中,调查者发现:"现阶段的私营企业经营规模小、资本有机构成低";"加之建立时间短,资本积累、技术积累、经营管理的经验积累都很有限,本小利微,应对市场变化能力弱";而且随着市场竞争的加剧和国内外环境的变化,私营企业内部差距日益拉大,同一指标在不同规模企业里呈偏态分布,呈现出地区分布与产业布局的失衡。⑤ 正如图5-4所示,全国私营企业数量、从业人数以及注册资金增长速度都在逐年放缓。

---

① 比如,从1978到2004年,浙江省新增就业人员1125万人,其中民营经济增加就业人员1058万人,占94%;到2004年底,在第二、三产业中,民营经济的从业人员已经超过91%。参见,黄孟复:《中国民营经济蓝皮书:中国民营经济发展报告》,中国社会科学文献出版社2009年版;陆巍峰:《浙江民营经济发展与地方政府行为》,载《宏观经济管理》,2006年第9期。

② [意大利]乔万尼·阿里吉:《亚当·斯密在北京:21世纪的谱系》,路爱国、黄平、许安结译,中国社会科学文献出版社2009年版。

③ Rawski Thomas G., "Reforming China's Economy: What Have We Learned?", *The China Journal*, No. 41, 1999, pp. 139 – 156.

④ Huang Yasheng, *Capitalism with Chinese Characteristics: Entrepreneurship and the State*, Cambridge: Cambridge University Press, 2008.

⑤ 中华全国工商业联合会:《中国私营经济年鉴(2006年6月—2008年6月)》,中华工商联合出版社2009年版。

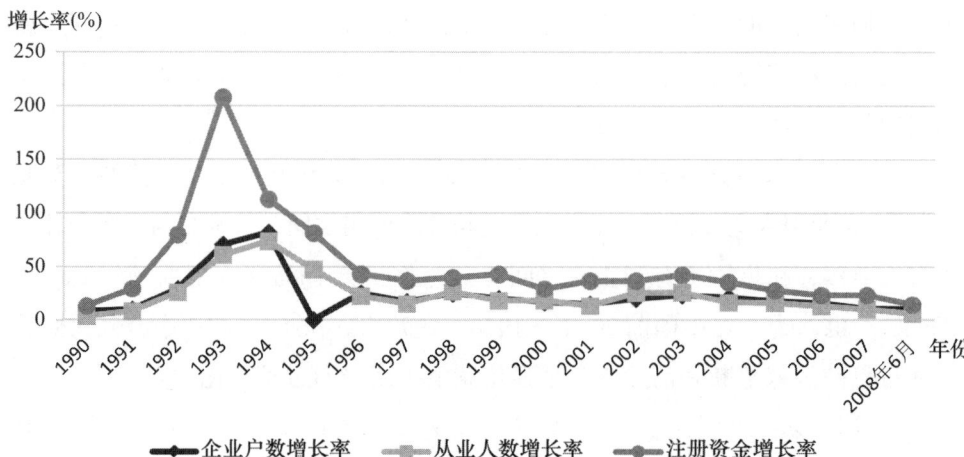

图5-4　全国私营企业发展基本情况（1990—2008年）

资料来源：中华全国工商业联合会：《中国私营经济年鉴（2006年6月—2008年6月）》，中华工商联合出版社2009年版。

而且，中国本土的私营经济规模并非如有些研究所估计的那样高。[①] 而且，"高增长"似乎也与公众的认知不符。黄亚生则认为这个数字是对中国私营经济的一个很大的夸张：这个估计值包括那些本质上仍然是国有的法人持股（legal-person share capital）公司的产出；按照他的计算方法，大致占GDP的50%左右，而且本土私营经济的比例更低（见表5-8）。[②] 总之，无论是相对于外国私营经济还是国有经济而言，中国本土私营经济的规模都是较小的。

---

① 比如，Dougherty和Herd的研究便认为，中国的私营经济——包括农业和工业——到2005年为止占GDP的70%。（Dougherty S., R. Herd, "Fast-Falling Barriers and Growing Concentration: The Emergence of a Private Economy in China", *OECD Economics Department Working Papers*, No. 471, 2005.）

② Huang Yasheng, *Capitalism with Chinese Characteristics: Entrepreneurship and the State*, Cambridge: Cambridge University Press, 2008, p. 227.

表5-8 工业私营部门股份制企业占全国工业增加值规模估算（1998年、2001年、2005年） （单位:%）

基于OECD定义的私营部门				基于广东统计手册定义的私营部门			
定义/年份	(1a) 1998	(1b) 2001	(1c) 2005	定义/年份	(2a) 1998	(2b) 2001	(2c) 2005
本土企业：	17.20	27.80	50.50	本土企业：	7.90	9.65	22.00
1. 个人股份>50%	5.90	10.60	19.10	1. 注册的企业	2.40	5.97	16.30
2. 法人(Legalperson)股份>50%	11.30	17.20	31.40	2. 个人股份>50%	5.50	3.68	5.70
外资企业：	11.70	16.90	20.70	外资企业：	23.90	29.10	28.80
1. 外资股份>50%	11.70	16.90	20.70	1. 注册的企业	21.80	26.40	28.30
				2. 外资股份>50%	2.10	2.74	0.48
本土与外资企业合计	28.90	44.70	71.20	本土与外资企业合计	31.80	38.80	50.80

注：广东统计手册定义的私营部门指的是注册时登记为私营企业和在非国有企业中私人资本大于50%的企业。

资料来源：Huang Yasheng, *Capitalism with Chinese Characteristics*: *Entrepreneurship and the State*, Cambridge: Cambridge University Press, 2008, p.15.

而浙江民营企业则表现出格外的活力。在21世纪初期，浙江规模以上私营企业虽然在企业数量上明显多于其他类型企业，但在工业总产值上则相对低于国有及国有控股与外资企业；这一局面在2003年之后发生了巨大的改变：在规模以上企业数量与工业总产值上，私营企业均无可争议地成为浙江省的"主力军"（见表5-9）。私营企业的平均规模相对较小，然而，一项针对浙江不同组织类型私营企业的比较研究也表明，即使就21世纪初期来看，这些企业的大多数并非只是个体作坊或家庭工商业，而是正在逐步向现代公司制企业发展；企业的产权结构也绝非封闭单一，而是逐步走向开放和多元化；企业领导层构成逐步社会化、职业化；并开始注重建立自己的销售网络；更为重要的是，多数企业正在着力建立独立或合作的研究开发机构。① 上述特征均不同程度地体现了浙江私营企业的现代化,这种现代则与浙江省的市场化进程紧密相关,是企业与政府良性互动的体现。

表5-9 浙江省各类规模以上企业工业总产值及数量（2000—2013年）

年份	规模以上工业总产值（亿元）				单位数（个）			
	国有企业	国有及控股	私营企业	外资企业	国有企业	国有及控股	私营企业	外资企业
2000	538.46	1292.72	1071.68	1232.40	1002	1418	4140	2117
2003	545.81	1686.99	4053.19	2585.81	496	861	13411	3675
2004	1332.89	2803.43	6464.53	4910.17	573	1109	24036	6889
2005	1800.27	3401.17	8250.03	5517.38	430	811	24244	6807
2006	2062.04	4024.81	10592.06	7601.05	393	776	28715	7740
2007	2349.06	4637.20	13541.69	9609.91	295	694	33381	8626
2008	2609.20	5308.87	16817.25	11075.29	312	736	40320	9553
2009	2786.63	5369.11	17804.88	10346.94	304	728	41969	9104
2010	3331.26	6721.77	22792.11	13104.16	308	730	46706	9125
2011	3528.05	8132.62	23251.05	15151.99	208	590	22339	6676
2012	3831.55	8384.48	24384.66	15309.87	228	645	23959	6651
2013	3189.69	9016.67	25792.12	15612.75	122	706	26219	6541

资料来源：浙江省统计局、国家统计局浙江调查总队（历年）。

注：2011年起企业规模按新的划分标准划分：2011年起规模以上工业为主营业务收入为2000万及以上工业企业,之前为500万及以上工业企业。外资企业即外商及港澳台商投资企业。

不仅如此,根据国有和私营规模以上（2011年之后为2000万、之前为500万）企业的主要经营指标（见表5-10）来看,浙江省的私营企业好于国有企业。而且,由于私营企业数量众多,私营企业利润总额与应缴纳增值税数量也远大于国企,而且重要的是,私营企业的利润额几乎是应缴增值税的两倍之多,而国企的利润量甚至还不如其应缴纳增值税的规模,这说明国企

---

① 王祖强、汪水波：《浙江省不同组织类型私营企业发展的比较研究》,载《中共云南省委党校学报》,2001年第6期。

的利润率和经验效率相比于私营企业较低。此外，在容纳劳动力规模上，在规模以上工业企业所有职工中，浙江省私营企业的职工规模几乎占了一半以上，而国企则不到百分之二。这说明，浙江省私营企业已经成为该地区新增劳动力就业的主要力量。

表5-10　浙江省国有与私营规模以上企业相关指标（2006—2013年）

年份	国有企业			私营企业			职工年平均人数（万人）	国有企业		私营企业		国有企业		私营企业	
	企业数（个）	亏损数（个）	亏损企业占比（%）	企业数（个）	亏损数（个）	亏损企业占比（%）		职工数（万人）	占总职工数比重（%）	职工数（万人）	占总职工数比重（%）	利润总额（亿元）	本年应缴增值税（亿元）	利润总额（亿元）	本年应缴增值税（亿元）
2006	393	107	27.23	28715	2266	7.89	726.94	14.01	1.93	346.97	47.73	104.44	104.26	425.53	273.58
2007	295	63	21.36	33381	2502	7.50	790.93	12.92	1.63	378.16	47.81	128.71	117.09	549.39	342.93
2008	312	78	25.00	40320	5058	12.54	814.55	13.78	1.69	419.42	51.49	67.45	122.60	663.40	428.38
2009	304	103	33.88	41969	4501	10.72	787.64	11.74	1.49	413.48	52.50	79.81	106.77	745.22	422.45
2010	308	64	20.78	46706	3342	7.16	857.58	11.65	1.46	467.32	54.49	151.69	137.37	1178.37	578.98
2011	208	30	14.42	22339	1760	7.88	734.37	10.75	1.46	367.92	50.10	141.52	149.49	1223.50	574.29
2012	228	35	15.35	23959	2417	10.09	719.01	11.50	1.60	359.40	49.99	172.03	171.97	1161.90	596.69
2013	122	8	6.56	26219	2690	10.26	719.43	9.18	1.28	359.82	50.01	87.23	112.77	1261.68	662.02

资料来源：浙江省统计局、国家统计局浙江调查总队（历年）。

注：2011年起企业规模按新的划分标准划分：2011年起规模以上工业为主营业务收入为2000万及以上工业企业，之前为500万及以上工业企业。

然而，正如黄亚生在称赞浙江私营企业时所言，仅有企业家精神并不能创造价值；它必须与资源和产权保护等制度相结合；在企业家精神与资源结合方面，浙江省的工作做得比较好。[①] 对历史数据分析的研究也表明，制度改进与技术进步是推动浙江民营经济增长的首要因素，而资本积累与劳动投入的作用倒在其次。[②] 接下来，我们将关注浙江推动民营经济发展的主要制度改革。

[①] 黄亚生：《浙江私营企业家乃中国之榜样》，载英国《金融时报》中文网，2019年。
[②] 罗卫东、郑恒：《浙江民营经济增长要素的实证分析》，载《财经论丛（浙江财经学院学报）》，2005年第3期。

（三）浙江的省以下财政体制与地方治理

浙江省以下财政体制最为鲜明的特征便是省管县制度。这与改革开放以来全国的总体趋势不太相同。20 世纪 80 年代初期，基于"城市带动农村"的经济战略，中央以江苏作为试点省份，尝试推行地区体制改革，即"市管县"体制。1983 年 1 月，在国务院的批准下，江苏省所有地区所辖各县划归 11 个市领导。① 自此之后，市管县体制在全国范围内推广。到 2003 年底，全国共有地级行政区划 332 个，而其中地级市 277 个，地级市领导县的数量占全国总数的 70% 以上，人口占总人口的 80% 以上。② 而从 1953 年中央决定撤销大区一级财政、增设市（县）一级财政以来③，浙江省一直实行省管县的财政体制。

表 5-11 浙江省实施省管县体制基础与有利条件

有利因素	具体表现
地理特征与交通状况	全省面积较小、分布均匀，从省会杭州到各市、县（市）的距离较其他省、自治区较近；而市到县（市）的距离也较近。而随着现代交通和通信的发展，省与县的联系已经相当便捷。因此，省直接领导县的技术障碍较之以往已经得到极大的消除
行政区划特征	在我国所有省级区划中，多数省份的县的数量普遍过多，如四川和河北分别高达 181 个和 172 个，平均每个省辖下的县的数量也在 89 个（2005 年数据）。而浙江大致包括 11 个地级市、58 个县（市），其行政区划数量相对较少，这在很大程度上减轻了省直管县的管理难度等问题

---

① 国务院：《国务院关于同意江苏省改革地市体制调整行政区划给江苏省人民政府的批复》，载《中华人民共和国国务院公报》，1983 年。

② 徐竹青：《省管县建制模式研究——以浙江为例》，载《中共浙江省委党校学报》，2004 年第 6 期。

③ 在此期间，"文革"后期的一小段时期曾短暂地废除过这一体制，参见，马斌：《政府间关系：权力配置与地方治理》，浙江大学出版社 2009 年版；徐竹青：《省管县建制模式研究——以浙江为例》，载《中共浙江省委党校学报》，2004 年第 6 期。

（续表）

有利因素	具体表现
经济发展的空间结构	浙江的经济发展特征具有明显的县域主导特征，其2007年全省GDP的62.4%、财政收入的54.3%以及从业岗位的70.5%均由县域创造；此外，浙江的"块状"经济也快速扩张，地理集中度不断提升，而这些块状经济与产业集群90%均集中在县域（包括区）
相对合理的政府职能定位和政府规模	从20世纪90年代初期以来，政府改革明确导向建立市场经济体制，政府总体上弱化了对企业微观经营和投融资活动的直接控制，并推动政府职能加快转移到经济调节、市场监管、社会管理和公共服务上来。因此，其政府职能与政府规模均朝向有利于市场化的方向
中心城市与强县经济并重的发展战略	为了调节省与市、县（市）的利益关系，浙江实行中心城市与强县并重的发展战略，除了在财政上支持除计划单列市宁波之外的所有地级市，还通过撤县建区扩展中心城市的发展空间和整体竞争力

资料来源：马斌：《政府间关系：权力配置与地方治理》，浙江大学出版社2009年版，第172—177页。

表5-11概括了浙江省实施省管县体制的客观条件与政策导向。除了地域特征与行政区划上相对适宜等条件，县域经济的发达、政府职能的转变以及中心城市与强县经济并重的发展战略等政治经济条件与政策导向也为省管县体制的顺利实施打下了坚实基础。其中，中心城市与强县经济并重的发展战略尤为关键。

在支持中心城市发展方面，在分税制后"两保两挂"政策①基础上，浙江省在20世纪末出台了"三保三挂""三保三联"的财政政策。"三保三挂"即对衢州、舟山、丽水与金华等4个地级市在"两保两挂"的基础上增加"一保一挂"，即在确保所辖县（市）财政收支平衡的前提下，与当年全市范围内增收上缴的城市建设补助挂钩，比例为上缴省的20%部分（环比）的25%；同理，"三保三联"即对杭州、温州、嘉兴、湖州、绍兴与台州等6个市在"两保两联"的基础上增加"一保一联"，即在确保所辖县（市）当年

---

① "两保两挂"政策即在两个"确保"前提下实施两个"挂钩"，前者即确保实现当年财政收支平衡、确保完成各项职责任务，两个"挂钩"即省补助与地方财政收入增长挂钩，奖励与地方财政收入增收额挂钩。此项举措旨在将经济发达县市的财力由省集中一块，转移支付给经济相对欠发达县市，以实现浙江全省经济社会的平衡发展。

财政收支平衡,与城市建设补助(含市管县经费)相关联,联系比例同样为全市范围内增收上缴省20%(环比)的25%。① 随后,浙江省再于2003年底发文,将原"两保两联"技改补助和奖励、"三保三联"城市化专项补助等政策整合归并为"两保一挂"奖励政策,即在"确保实现当年财政收支平衡、确保完成政府职责任务"的前提下,实行省奖励与其地方财政收入增收额挂钩的办法,并且将增收额的相应比例用于个人奖励。② 上述政策的目标很明确,即保障中心城市基础建设的资金,并调动个人的积极性。

与此同时,"扩权强县"的发展战略也一直是浙江的重点。在我们所关注的时间段内(1997—2009年),浙江省先后实施了至少四次大规模的下放经济社会管理权限的改革,其具体举措多种多样,包括赋予县级市以地级市的部分权限、下放各类审批权限等,所涉及的从社会服务等方方面面到扩大基本建设和技术改造、外商投资等项目审批权不等(见表5-12)。③ 这些举措在很大程度上扩大了县级政府的自主权,为县域经济的良性发展打下了制度基础。

表5-12 浙江省有关扩大县(市)经济社会管理权限的文件汇总(1992—2008年)

年份	相关文件	政策导向	主要举措
1992年(浙政发〔1992〕169号)	《关于扩大十三个县市部分经济管理权限的通知》	扩大13个县(市)部分经济管理权限	对萧山、余杭、鄞县、慈溪、余姚、海宁、桐乡、绍兴、黄岩、嘉善、平湖、海盐、椒江等13个县(市)扩大基本建设和技术改造、外商投资等项目审批权。限额以下项目的配套审批权限下放给县(市),超过限额的项目,由县(市)直接报省审批或审核

---

① 马斌、徐越倩:《省管县体制变迁的浙江模式:渐进改革与制度路径》,载《理论与改革》,2010年第1期。

② 浙江省人民政府:《浙江省人民政府关于进一步完善地方财政体制的通知》(浙政发〔2003〕)。

③ 通常,在政府出台下放经济社会权限后,相应的职能部门会根据文件指示制定相应的权限下放清单,比如,浙江省科技厅便根据《关于扩大县(市)部分经济社会管理权限的通知》(浙委办〔2008〕116号)要求,下放给义乌市权限17项,下放给其他县(市,包括杭州市萧山区、余杭区)权限12项。

（续表）

年份	相关文件	政策导向	主要举措
1997年（浙政发〔1997〕53号）	省政府批复萧山、余杭两市试行享受地级市部分经济管理权限	赋予萧山、余杭两市享受地级市部分经济管理权限	扩大上述两市项目审批、计划和土地管理等11个方面的权限。同年又以类似文件形式，扩大了两市因公出国（境）任务审批管理权限
2002年（浙委办〔2002〕40号）	《中共浙江省委办公厅、浙江省人民政府办公厅关于扩大部分县（市）经济管理权限的通知》	扩大17+3个经济强县（市、区）管理权限	对绍兴、温岭、慈溪、诸暨、余姚、乐清、瑞安、上虞、义乌、海宁、桐乡、富阳、东阳、平湖、玉环、临安、嘉善等17个县（市）和萧山、余杭、鄞州3个区扩大了12个方面313项经济社会管理权限，其中，经济管理权204项、社会管理权97项、为民服务权12项
2006年（浙委办〔2006〕114号）	《中共浙江省委办公厅、浙江省人民政府办公厅关于开展扩大义乌市经济社会管理权限改革试点工作的若干意见》	在义乌市开展减少层级的扁平化行政管理体制改革试点	原则上将除规划管理、重要资源配置、重大社会事务管理等事项外，赋予义乌市与设区市同等的经济社会管理权限；共扩大了603项经济社会管理权限
2008年（浙委办〔2008〕116号）	《中共浙江省委办公厅、浙江省人民政府办公厅关于扩大县（市）部分经济社会管理权限的通知》	从"强县扩权"到"扩权强县"	一是义务继续深化试点：除继续保留原扩权事项524项外，调整原扩权事项79项，新增加与经济社会紧密相关的事项94项；二是其他县（市）同步扩权、分步到位：下放经义务一年试点行之有效、县（市）确需且有条件承接的扩权事项349项，新增与县域经济社会管理密切相关的事项94项

资料来源：参见相关文件；浙江省发改委城乡体改处：《浙江区域经济发展报告（2009—2010）》，浙江教育出版社2010年版；马斌：《政府间关系：权力配置与地方治理》，浙江大学出版社2009年版。

同时，需要注意的是，即使在浙江（或江苏）这样典型的县域发达经济省份，其经济增长与财政收入的较大比重依然来自中心城市或城区，这是现代工业化与市场化进程逐步深化后的必然体现。从图 5-5 可以看出，在我们所关注的时间段（2001—2005 年）之中，浙江省的市级财政（包括市本级与市辖区）收入大致占了全省收入的一半以上，而县级财政收入则在 35% 左右，剩下的为省本级收入；而且，市级财政收入的比重在缓慢上升。这也从侧面说明，中心城市与城区吸引了更多的生产要素。

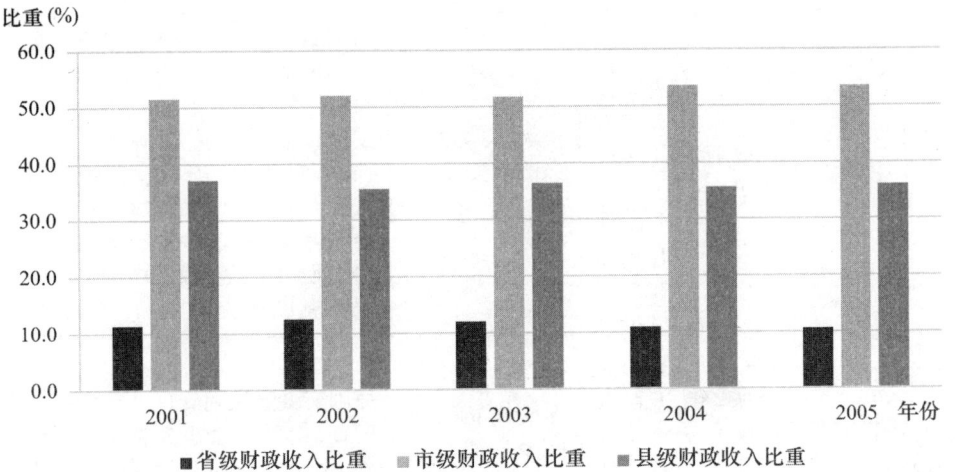

图 5-5　浙江省各级财政收入比重（2001—2005 年）

资料来源：财政部预算司：《中国省以下财政体制 2006》，中国财政经济出版社 2007 年版，第 110 页。

然而，在此，我们需要区分一组十分重要的概念，即市（级）财政与市本级财政。前者指地级市这一级与市辖区的财政收支情况，而后者仅包括地级市本级的财政收支；换言之，前者包含后者。与之相对应的另外一组概念便是县（级）财政和县（市）本级财政，前者包含了市辖区这一县级行政区划。在全国县级行政区划中，60% 以上是属于县（市）本级，剩下的为市辖区（参见《中国统计年鉴》的行政区划数据）。笼统来看，前者基本"属于农村财政，以农业为财源基础，直接面向广大农民"，而后者则"具有城市财政的属性，以工业为财源基础，直接面对的主要是市民"。[①]

[①] 刘尚希：《从县财政困难看现行财政体制的缺陷》，载《中国经济时报》，2007 年 11 月 15 日。

但是，无论是县（市）这一级的财政还是市辖区的财政，其主要功能还是为辖区内的民众提供科技、教育、医疗、社会保障等基本公共服务，因此，考察财政资源在多大程度上下沉到县财政这一级，可以为我们分析该地区的政策导向提供较好的观察。从之前的数据我们知道，浙江省是省以下财政分权程度最高的省份。而且，从表5-13可以看出，至少就2005年而言，浙江省65%左右的收入与支出均发生在县级［即县（市）本级与市辖区］——根据当年《全国地市县财政统计资料》的相关数据来比较，这一比例在全国所有地区中也是最高的。

表5-13 浙江省一般预算收支分级分项目分布情况（2005年）   （%）

收入分类	省级	市级	县级	支出分类	省级	市级	县级
一般预算收入	10.6	21.7	67.8	一般预算支出	12.7	23.2	64.2
税收收入	8.5	22.3	69.2	基本建设支出	14.7	21.2	64.1
增值税	6.6	17.1	76.3	科技支出	28.4	19.3	53.3
营业税	10.7	21.9	67.5	农林水支出	14.0	15.0	71.0
企业所得税	13.7	22.3	64.0	文体广播事业费	17.4	24.0	58.6
个人所得税	12.8	16.2	71.0	教育支出	11.8	16.6	71.6
资源税		15.7	84.3	医疗卫生支出	20.7	24.0	55.3
城市维护税	3.2	30.3	66.5	其他部门事业费	12.3	22.0	65.8
农业四税		36.3	63.7	社会保障支出	2.6	30.5	66.9
其他税收收入	1.7	22.7	75.6	行政事业单位离退休支出		50.8	49.2
非税收入	33.4	14.5	52.1	行政公检法支出	11.9	25.1	63.1
国有资产经营收入			100.0	城市维护税		31.4	68.6
行政性收费收入	61.6	16.8	21.6	其他支出	14.9	27.4	57.7
罚没收入	1.9	26.1	72.0				
其他收入	34.1	22.8	43.1				
国企计划亏损补贴	7.4	40.6	52.0				

资料来源：财政部预算司：《中国省以下财政体制2006》，中国财政经济出版社2007年版，第107—108页。

从现有的实证研究上看，省管县体制产生了较为明显的政策效应。相关研究利用全国省市样本，发现省直管县改革显著提高了县级财政分权水平、降低了市级财政分权程度；不仅如此，这一改革还有助于缩小城乡收入差距、提高县中学在校生比重以及增加社会福利院床位数，并体现了改革的持续性。① 更为具体的研究利用浙江、福建两省规模以上工业企业的微观数据发现，"扩权强县"对浙江省县辖企业的发展有显著的促进作用，而且这一作用对县辖区内的非国有企业的影响要高于国有企业——这说明省管县改革不仅促进了县域经济增长，更对市场化改革有正面作用。② 就具体机制而言，"省直管县"体制对经济增长的作用可能主要是通过县（市）扩权而产生的"政府竞争效应"所实现的③；而就提高县级财政分权而言，则很可能是通过增强县级财政自给能力来实现的④。

从浙江省的省管县严格来看，省管县在本质上是一种分权改革，相对于市管县而言，在一定程度上优化了地方各级政府间的权力配置，实现了省以下权力结构的扁平化。就具体举措来看，诸多种类的权力下放实际上"是一种依靠行政力量破除阻碍市场经济发展的体制性因素的行为，是一种通过重新分配公共权力资源推进区域经济按市场规律运行的重要举措"⑤。同时，浙江省各级地方政府在很大程度上体现了"市场增进型"的政府角色，其政府行为同区域市场体系的发育之间形成了一种良性的互动机制。⑥

---

① 谭之博、周黎安、赵岳：《省管县改革、财政分权与民生——基于"倍差法"的估计》，载《经济学（季刊）》，2015年第3期。

② 袁渊、左翔：《"扩权强县"与经济增长：规模以上工业企业的微观证据》，载《世界经济》，2011年第3期。

③ 高军、王晓丹：《"省直管县"财政体制如何促进经济增长——基于江苏省2004—2009年数据的实证分析》，载《财经研究》，2012年第3期。

④ 贾俊雪、张永杰、郭婧：《省直管县财政体制改革、县域经济增长与财政解困》，载《中国软科学》，2013年第6期。

⑤ 马斌：《政府间关系：权力配置与地方治理》，浙江大学出版社2009年版。

⑥ 何显明：《政府与市场：互动中的地方政府角色变迁——基于浙江现象的个案分析》，载《浙江社会科学》，2008年第6期。

（四）小结

在20世纪70年代，浙江省仍然是一个以农业为主的地区。而且，浙江省如今那些规模最大的企业，许多都是在80年代由农民企业家创办的。[①] 而作为中国市场经济发展的前哨，浙江温州在20世纪80年代还是一个农业小镇。在较短时间内，浙江便从一个农业省发展成为中国最富有、最具活力、地方治理最好的省份之一。尽管有研究着重强调了浙江人"素有的工商传统以及浙江历史文化精神中浓郁的商业气息和求利唯实主义倾向"对于该省成功的作用[②]，然而这无疑需要与制度建设的紧密配合，即政府放松管制、放权于市场本身、不断改善融资途径、降低融资成本等。

上述发展不仅仅提高的是私营企业经验规模与市场化程度，也是在不断优化政府与市场、政府与社会的关系与互动模式，从而在不同方面上提高了地方治理绩效。比如，政府不断地简化审批、放权于基层政府等简政放权举措，在很大程度上减少企业主要管理者花在与政府部门和人员打交道的时间，降低企业税外费用占其销售额的比重；反过来，企业经营效率的提高也可以减小企业税负占利润额的比重，如上述分析的增值税。这些都是我们在测量地方治理时比较重视的指标。因此，综上所述，我们可以看出，浙江治理绩效的高起点与高增长，主要得益于各级政府之间以及政府与市场主体（私营企业）之间持续的良性互动，这也是其地方治理优化的制度根源。

三、四川：转移支付与社会发展

（一）四川省内财政体制

在前文中，除了政府运转支出之外，我们将地方政府中绝大部分支出大

[①] 黄亚生：《浙江私营企业家乃中国之榜样》，载英国《金融时报》中文网，2019年。

[②] 李永刚：《传统民间文化理性与浙江民营经济发展——基于非正规制度理论的一种新解释》，载《中共浙江省委党校学报》，2002年第1期。

致分为两大类，即发展性支出与再分配支出。在再分配支出中，社会保障支出、医疗卫生支出以及住房补助等，在2010年之前，几乎都属于典型的地方公共支出，因为在此之前，上述支出几乎均未完全实现省级统筹。因此，在我们的研究时段内，地方的再分配支出绝大部分发生在省级以下，四川则是其中的典型案例。①

从四川省财政厅报告的数据（见表5-14）来看，在2005年，按照复式预算口径，政府公共支出大概为717.05亿元，其中超过八成发生在省以下；社保支出为177.57亿元，而省以下的支出份额超过87%。基础设施与经济发展支出大致为188亿元，由于存在省级统筹的基建项目，其发生在省以下的部分也在八成左右。这与表4-3所呈现的四川高度支出分权的数据也是一致的。

表5-14 四川省财政一般预算支出（复式预算）构成（2005年） （单位：万元）

按复式预算分类	全省	省级	市州小计
财政支出总额（万元）	10821769	1927340	8894429
一、政府公共支出（万元）	7170488	1328918	5841570
占总支出份额（%）	66.26	68.95	65.68
各级占分类支出份额（%）		18.53	81.48
二、社会保障支出（万元）	1775689	225140	1550549
占总支出份额（%）	16.41	11.68	17.43
各级占分类支出份额（%）		12.68	87.32
三、基础设施与经济发展支出（万元）	1875592	373282	1502310
占总支出份额（%）	17.33	19.37	16.89
各级占分类支出份额（%）		19.90	80.09

注：占总支出份额指相应级别（比如全省、省级或市州等）某类支出（如政府公共支出）占相应级别支出总额的比重，各级占分类支出份额指省级或市州小计占全省某类支出的比重。

资料来源：财政部预算司：《中国省以下财政体制2006》，中国财政经济出版社2007年版，第255页。

---

① 由于2007年统计口径发生变更，统计年鉴中新设立了"社会保障和就业支出"项，因此，在涉及此类支出时，为了兼顾需要使用的省内转移支付等数据，我们均使用2007年之前的数据。

然而，分税制后，地方政府的财政收入远远无法完全应对其支出，需要大规模的纷繁复杂的转移支付来填补其部分缺口。通常，在类似于人事组织的"下管一级"制度下，各省则通常需要依赖于中央的各项转移支付，然后各省再根据中央的相关财政政策，以及自省制定的省内转移支付相关规定，再向下层层派发规模庞大、使用领域庞杂的转移支付资金。因此，各地虽大同小异，但地方的各类支出又高度依赖于政府间转移支付。[①]

其中，就全国大部分省级行政区来看（不包括直辖市、港澳台与西藏数据），根据我们的数据显示，四川的情况尤为特别。首先，四川地形复杂多样，平原、山地、高原、大江大河、峡谷等分布其中，同时聚居的民族多样。其次，正是由于上述地理与民族特征，四川省辖下较多的地级与县级行政区划，包括18个地级市和阿坝、甘孜与凉山三个自治州，其中分布着183个县（市、区）级行政区划[②]，同时也是全国县级行政区划最多的省份。最后，也是我们最为关注的，由于四川省以下支出分权与收入集权并存，故而，四川必然存在着巨大的中央对四川的各项转移支付，以及大规模的省对下转移支付。根据我们之前的分析，在治理这一人口大省的诸多因素中，规模巨大且形式纷繁复杂的转移支付是重要环节。

先看中央与四川之间的情况。每年四川的一般预算收入与支出之间均存在巨大的财政缺口，且这一缺口在逐渐拉大（2000—2009年，见图5-6）。因此，四川每年都会接收到中央规模巨大的各项转移支付。从广义来看，四川接收到的转移支付与其财政支出的比重大致在六成左右。由于四川特殊复杂的地理环境以及构成复杂的民族成分，这其中除了基本可以归为四川固定收入的税收返还之外，还包括一般性转移支付以及各类专项转移支付。

[①] 杨良松：《中国的财政分权与地方教育供给——省内分权与财政自主性的视角》，载《公共行政评论》，2013年第6期。

[②] 上述为截至2014年底的数据，其中有57个民族自治县和民族待遇县，包括三个自治州辖下的48个县。

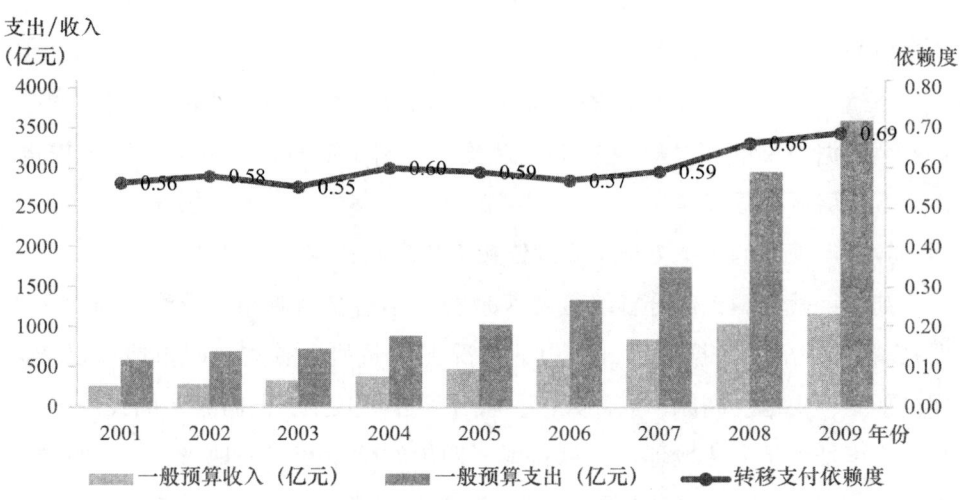

图 5-6　四川的财政收支与转移支付依赖度

资料来源：财政部国库司、预算司：《全国地市县财政统计资料》，中国财政经济出版社（历年）。

注：转移支付依赖度=（地方补助收入－上解中央支出）/地方一般预算支出。

更为复杂的是省内财政体制（见表5-15）。就税收分享而言，在四川省内，从中央开始实施分税制的1994年到1999年，分税制和包干制双轨运行，这与其余大部分省份的情况类似。2000年开始，除了三个少数民族自治州继续实施省体制递增补助之外，省与市州全面实施分税制管理体制。同样的，省级分享的税收大部分均以税收返还的形式成为省对下的财政补助。以2005年来看，省对市州的"两税"返还为81.68亿元，占中央对省的"两税"返还的83.38%；省对市州的所得税基数返还为23.8亿元，占中央对省基数返还的87.5%。① 这也说明，中央对省或省对省以下的税收返还的再分配作用是相对有限的，而主要承担这一作用的是其他转移支付，尤其是一般性转移支付。

---

① 财政部预算司：《中国省以下财政体制2006》，中国财政经济出版社2007年版。

表 5–15　四川省对市州分税制财政管理体制概况

省级财政固定收入	市州财政固定收入		省与18个地级市共享收入		
	18个地级市财政固定收入	三个自治州与9个民族县固定收入	税收	省级分成	18市分成
金融保险业营业税；在由省国税局、省地税局直属征收分局和稽查分局征收、稽查入库的税收中，除中央按体制分成的税收和部分应划归成都市的收入外，其余全部作为省级收入；此外，中央和省级企业所得税地方40%部分为省级收入	土地增值税、车船使用和拍照税、城市维护建设税、农业特产税、耕地占用税等全部为市固定收入，省不参与分成。此外，10个地级市地方企业所得税地方40%部分为地级市地方财政收入，省不参与分成	增值税（地方25%部分，包括出口退税），一般营业税（不含金融保险业营业税），个人所得税地方40%部分，资源税、房产税、印花税、城镇土地使用税、契税、土地增值税、车船使用和牌照税、城市维护建设税、农业特产税、耕地占用税等全部为市州固定收入；此外，三自治州和9个民族县地方企业所得税40%部分为地方收入，省不参与分成	增值税	35%	65%
			一般营业税	35%	65%
			个人所得税40%	35%	65%
			资源税	35%	65%
			房产税	35%	65%
			印花税	35%	65%
			城镇土地使用税	35%	65%
			契税	35%	65%

注：增值税的35%指的是，与中央分享的25%增值税中的35%，即为总的增值税中的8.75%；同理，在2002年实施所得税分享后，个人所得税的35%则为该税中地方分享部分（40%）中的35%，即为该税总收入的14%，即在表3–8中的数字。

资料来源：四川省人民政府：《关于调整省与市地州财政管理体制的通知》，川府发〔2000〕4号；四川省人民政府：《关于实施所得税收入分享改革的通知》，川府发〔2003〕36号；四川省人民政府：《关于调整省与内地民族自治县和享受民族待遇县税收分享政策有关问题的通知》，川财预〔2003〕22号；转引自财政部预算司（财政部预算司：《中国省以下财政体制2006》，中国财政经济出版社2007年版，第259页）。

同时，相对于四川省与下辖各市州比较一致的税收分享原则，省内各市州对县的财政体制则更为复杂，主要包括四大类（见表5–16）。在泸州、广元等中等发达且市下辖区县差异较小的地级市,则采取完全复制省对市州的体制。其余10个地级市,则大致按照两种体制分为两种类型,并根据各区县实际情况确定不同的分享比例;由于这些地级市规模较大,故而基本原则是因地制宜。而对于三个少数民族自治州,则采取更为宽松的财政管理体制;而且这些地区集中了著名景区,故而这些自治州对州内的分享情况更为多元:比如,阿坝藏族自治州对九寨沟等涉及旅游的营业税与所得税实行州县"三七"分成。

表5-16 四川省市州对县(市、区)的财政体制概况

类型	所属市州	分享概况
复制省对市州的体制	泸州、广元、宜宾、广安、达州、资阳、眉山、巴中	完全按照省的体制调整办法,省参与分享的8个税种,市不再分享,市本级不集中财力
因地制宜a	成都、自贡、攀枝花、德阳、绵阳、遂宁	比照省的体制调整办法,根据各县实际情况,分别确定税收分享比例,对财力较好的县适当集中,同时对财政困难县给予适当照顾,如绵阳市本级便承担了三台、北川、平武等县的八个分享税种省分享的35%部分
因地制宜b	内江、乐山、南充、雅安	在省参与分享的8个税种基础上,选择部分税种作为市县的共享收入,并根据各县实际情况确定不同的分享比例。如乐山市,在八个分享税种中,对于省以下分享的65%,市分享50%,区分享15%,新增税种市分享比例为85%,区为15%
少数民族自治州	阿坝、甘孜、乐山	实施符合当地实际情况的财政管理体制

资料来源:财政部预算司:《中国省以下财政体制2006》,中国财政经济出版社2007年版,第259—260页。

(二) 省对下转移支付及其局限

财政体制安排主要包括事权划分、收入划分与转移支付三大要素。如

前所述，通常情况下，良性的财政体制改革对上述三大要素的时间序列优先性也有要求，即支出责任的清晰合理划分应是首要的。① 而分税制改革则显然并未遵从这一良性的时间序列要求，更多属于"自卫式"改革，集中于收入分享的改革，却并未着手进行相对应的事权划分。而且，对于上级与下级政府究竟应该如何分享某种收入，几乎是"一刀切"，或者仅仅基于比较单一的因素（如经济发展程度等）。而转移支付的作用则更多扮演着上级政府对于下级政府事权支出的"多退少补"或者"缝缝补补"。

而在中央至乡镇五级政府中，最为重要的便是中央与省以及省与省以下的财政关系，其中转移支付则是其中的关键，维系着整个政府体系的政策运转。实际上，无论是中央对整体意义上的省还是对省级以下的转移支付，均是划拨给省级政府，然后再由其向下拨付。而"能够获得中央财政给予的一般性转移支付资金的中西部地区对下的转移支付实际包含了中央对省以下和省级对省以下两个部分"；对于地级与县级而言，由于这两种属性的转移支付混在一起，被统称为省对下转移支付。②

与全国其他地区类似，四川省内的转移支付安排也是遵循上述原则。不过，其采取了较为集权的省与省以下收入分享方式，即省级将18个非少数民族自治地级区划的八大税种的35%纳为省级收入，直接加强了省级政府为某种目标实施转移支付的能力。加之四川复杂的民族因素、庞大的人口基数，以及数量最多的县级行政区划，中央也拨付了四川省以下数目巨大的转移支付。这些因素使得四川省以下的转移支付规模巨大。从2005年来看，就绝对量而言，其省对下转移支付规模是全国最大的，财力性和专项转移支付高达475.2亿元（见表5-17）。然而，由于种种因素，这一省对下转移支付存在着局限性。

---

① Bahl Roy, Martinez-Vazquez Jorge, *Sequencing Fiscal Decentralization*, World Bank Group, 2006.
② 张立承：《省对下财政体制研究》，经济科学出版社2011年版。

表 5-17 省以下转移支付构成（2005 年）

地区		转移支付（亿元）			比重（%）	
		合计	省对下财力性转移支付	省对下专项转移支付	省对下财力性转移支付	省对下专项转移支付
部分东部、东北地区	江苏	234.4	103.6	130.8	44.2	55.8
	浙江	171.4	94.9	76.5	55.4	44.6
	山东	211.0	108.1	102.9	51.2	48.8
	福建	61.5	41.2	20.3	67.0	33.0
	广东	268.9	115.9	153.0	43.1	56.9
	河北	302.9	190.9	112.0	63.0	37.0
	海南	68.3	38.2	30.1	55.9	44.1
	辽宁	218.9	66.1	152.8	30.2	69.8
	平均	192.2	94.9	97.3	51.3	48.8
部分中部、东北地区	山西	168.6	93.9	74.7	55.7	44.3
	吉林	328.4	196.0	132.4	59.7	40.3
	黑龙江	311.1	212.8	98.3	68.4	31.6
	安徽	243.4	153.6	89.8	63.1	36.9
	江西	243.8	145.9	97.9	59.8	40.2
	河南	396.1	253.6	142.5	64.0	36.0
	湖北	371.6	307.7	63.9	82.8	17.2
	湖南	294.9	194.5	100.4	66.0	34.0
	平均	294.7	194.8	100.0	64.9	35.1
部分西部地区	四川	475.2	261.2	214.0	55.0	45.0
	贵州	179.5	125.8	53.7	70.1	29.9
	云南	238.2	130.6	107.6	54.8	45.2
	陕西	159.0	142.0	17.0	89.3	10.7
	甘肃	224.9	141.0	83.9	62.7	37.3
	青海	63.8	42.1	21.7	66.0	34.0
	宁夏	52.5	25.2	27.3	48.0	52.0
	新疆	162.8	128.8	34.0	79.1	20.9
	广西	307.9	240.1	67.8	78.0	22.0
	内蒙古	432.2	292.9	139.3	67.8	32.2
	平均	229.6	153.0	76.6	67.1	32.9

资料来源：财政部预算司：《中国省以下财政体制 2006》，中国财政经济出版社 2007 年版；转引自张立承：《省对下财政体制研究》，经济科学出版社 2011 年版，第 74—75 页。

首先，就四川而言，这确是"有形无实"的省对下的转移支付。虽然上表中四川的省对下转移支付规模巨大，但其所能实现的省级政府的目标却十分有限，因为其大部分资金直接来自中央政府。准确而言，省对下转移支付的本义是：以省本级财力为基础的对下转移支付；其主要的政策目的在于，省级政府利用对省以下财政体制的主导权，集中省域内发达地区的财力用以转移支付给省内相对落后地区，从而实现省内财力相对均衡，并有效促进省内各地区的均衡发展。但是，不仅仅是四川，几乎多数中西部地区的省级政府均缺少足够的向下转移支付财力保障。① 这与部分财力充足的东部地区形成了鲜明对比。

其次，由于收入相对集中于省本级而支出分权于省以下，四川省以下转移支付的主要目的在于弥补财政收支缺口。依旧以 2005 年的数据来看，四川省以下转移支付的规模占省以下一般财政支出的一半以上，占全省支出也高达 46%。其中，省以下财力性转移支付则几乎是省以下均衡性转移支付的三倍（见表 5 – 18）。这无疑弱化了转移支付的区域间再分配作用。同时，可以想象，在地方财政支出以经济增长为导向的情况下②，省以下所获取的各项转移支付（包括各种专项转移支付）很可能会优先用于可以拉动经济增长的支出项目，而短期内难以转换为经济绩效的支出类别则相对弱化。接下来，我们也将着重讨论这一问题。

表 5 – 18 四川省以下转移支付与其他财力的相对比重

财力规模	亿元	相对比重
全省一般预算支出 A	1032.18	比重 1（C/A）＝46.04%
省以下一般支出 B	889.40	
省对下转移支付 C	475.20	比重 2（C/B）＝53.43%

---

① 张立承：《省对下财政体制研究》，经济科学出版社 2011 年版。
② 傅勇、张晏：《中国式分权与财政支出结构偏向：为增长而竞争的代价》，载《管理世界》，2007 年第 3 期；刘穷志、何奇：《腐败侵蚀与财政支出扭曲》，载《财贸研究》，2011 年第 2 期。

(续表)

财力规模	亿元	相对比重
中央对省财力性转移支付 D	247.80	比重3（E/D）=105.41%
省对下财力性转移支付 E	261.20	比重4（E/B）=29.37%
省对下均衡性转移支付 H	91.00	比重4（H/B）=10.23%

资料来源：财政部预算司：《中国省以下财政体制2006》，中国财政经济出版社2007年版。

再次，在设计省内转移支付的构成体系时，四川几乎复制了中央对省的转移支付体系，并采取了中西部多数采用的"标准收支法"。因此，一些体现省域特征的差别化因素并未在转移支付体系中得到足够重视。这也与其省以下转移支付的出发点紧密相关，即其主要目标在于弥补财政收入缺口（这很可能导致缺口进一步扩大）。

最后，如此庞大的转移支付还很可能存在滥用的风险。自21世纪初开始，为了更有效与更公平地贯彻再分配政策，中央加大了对于地方（尤其是西部地区）的财力性转移支付以及对于专项资金的监管。① 然而，刘明兴等对于西南省份某县的个案研究则表明，虽然侵吞、滥用财政专项转移支付的确减少了，但是"上有政策、下有对策"，县级政府也运用各种方式向接收该项资金的下级机构转嫁财政负担或者增加雇员等，从而依然造成这些专项转移支付的错配与低效率。② 从这一案例对于转移支付在省内的使用可见一斑，而且我们也推测，这在西南省份其他地区也是存在的。

因此，上述局限性弱化了四川省以下转移支付的作用与效率。接下来，我们将运用量化分析，着重讨论四川省内各地区转移支付如何影响了其财政支出导向。

---

① Bhattasali Deepak, Christine P. W. Wong, *China-National Development and Sub-National Finance*: *A Review of Provincial Expenditures*, Washington, D. C.: The World Bank, 2002; Dabla-Norris Era, "Issues in Intergovernmental Fiscal Relations in China", *IMF Working Paper*, 2005.

② Mingxing Liu, Juan Wang, Ran Tao, Rachel Murphy, "The Political Economy of Earmarked Transfers in a State-Designated Poor County in Western China: Central Policies and Local Responses", *The China Quarterly*, No. 200, 2009, pp. 973 – 994.

（三）转移支付对教育与社保支出的影响

教育事业与社会保障的发展与完善是地方社会发展的重要方面。而现有的研究一般表明，个别地方政府倾向于忽视那些不能直接、快速产生经济效益的支出类别。[①] 比如，一些地方政府往往不惜牺牲教育投入、加大基建投资等方面，以赢得在地区间的招商引资竞争中胜利，从而获取助推官员晋升的政绩。[②] 同时，由于中国在转移支付设计上存在一些缺陷，故而转移支付也很可能难以有效增加这些支出。

其原因主要包括三个方面。第一，转移支付可能存在"粘蝇纸效应"（flypaper effect），即相对于地方的自有收入而言，转移支付很可能会带来地方支出更大程度的膨胀。[③] 而且，这种膨胀更多表现在政府一般公共服务支出（行政管理费）[④]，以及那些在短期内促进经济产值和财政收入增长的项目上（如基建支出等）[⑤]。第二，政府"意外之财"——转移支付——可能产生"政治上的'资源诅咒'"（the political resource curse），即额外的政府非税收入很可能会助长地方政治腐败、降低参加选举候选人的整体素质。[⑥] 第三，正

[①] 陶然、陆曦、苏福兵、汪晖：《地区竞争格局演变下的中国转轨：财政激励和发展模式反思》，载《经济研究》，2009年第7期。

[②] Michael Keen, Maurice Marchand, "Fiscal competition and the pattern of public spending", *Journal of Public Economics*, Vol. 66, No. 1, 1997, pp. 33 – 53；傅勇、张晏：《中国式分权与财政支出结构偏向：为增长而竞争的代价》，载《管理世界》，2007年第3期。

[③] Wallace E. Oates, "An Essay on Fiscal Federalism", *Journal of Economic Literature*, Vol. 37, No. 3, 1999, pp. 1120 – 1149；范子英：《转移支付、基础设施投资与腐败》，载《经济社会体制比较》，2013年第2期；范子英、张军：《粘纸效应：对地方政府规模膨胀的一种解释》，载《中国工业经济》，2010年第12期；付文林、沈坤荣：《均等化转移支付与地方财政支出结构》，载《经济研究》，2012年第5期。

[④] 庄玉乙、张光：《"利维坦"假说、财政分权与政府规模扩张：基于1997—2009年的省级面板数据分析》，载《公共行政评论》，2012年第4期。

[⑤] 范子英：《转移支付、基础设施投资与腐败》，载《经济社会体制比较》，2013年第2期。

[⑥] Brollo Fernanda, Tommaso Nannicini, Roberto Perotti, and Guido Tabellini, "The Political Resource Curse", *American Economic Review*, Vol. 103, 2013, pp. 783 – 794.

如前文所述，无论是何种类型的转移支付，均有可能被改作他用或错配，比如基础设施建设、扩张政府规模等。①

而且，多数以省级数据做出的研究也发现，转移支付并未显著增加教育等方面的支出。比如，杨良松对于财政分权与教育支出的研究发现转移支付依赖度的增加并未增加地方教育支出比重。② 再如，付文林和沈坤荣的研究也发现：转移支付制度会带来地方财政支出的"粘蝇纸效应"——在经济欠发达地区，地方政府对基本建设、行政管理支出项目的诉求越强烈；且在地方政府的财力改善后，还可能通过调整现有的财政支出结构，偏离转移支付的基本公共服务均等化目标。③

建立在上述机制与研究之上，接下来我们将分析，就四川的地级市而言，其转移支付对于基础建设支出与社会发展类支出的影响。具体而言，我们选取的被解释变量为四川省辖下的18个地级市（除去阿坝、甘孜与凉山等自治州）的基础建设支出、社会保障支出与教育支出。解释变量为各地专项转移支付。④ 专项转移支付一般会限定使用目的，如果教育类或社保类专项转移支付较多的话，则可能对该项支出有积极影响；但如果这两类专项转移支付较少，其效果也可能不显著。然而，无论是一般性转移支付，还是专项转移支付，也有可能被用于其他部分，比如用作基础设施建设或者给政府雇员发工资。⑤ 因此，专项转移支付也可能会与更高的基建支出紧密相关。此外，控制

---

① 吴木銮：《我国政策执行中的目标扭曲研究——对我国四次公务员工资改革的考察》，载《公共管理学报》，2009年第6期；游宇、张光：《中国公务人员工资水平地区差异的政治经济学》，载《复旦公共行政评论》，2015年第2期。

② 杨良松：《中国的财政分权与地方教育供给——省内分权与财政自主性的视角》，载《公共行政评论》，2013年第6期。

③ 付文林、沈坤荣：《均等化转移支付与地方财政支出结构》，载《经济研究》，2012年第5期。

④ 在《全国地市县财政统计资料》中，由于四川省的一般性转移支付缺失过于严重，在此我们只能选取专项转移支付作为解释变量。

⑤ Wu Alfred M., *Governing civil service pay in China*, Copenhagen, Denmark: NIAS Press, 2014；王蓉、杨建芳：《中国地方政府教育财政支出行为实证研究》，载《北京大学学报（哲学社会科学版）》，2008年第4期；吴木銮：《我国政策执行中的目标扭曲研究——对我国四次公务员工资改革的考察》，载《公共管理学报》，2009年第6期。

变量包括衡量经济发展程度的人均 GDP、人口密度、产业比重、非农人口比重，以及中小学占人口比重（在分析教育支出时纳入）。上述变量的具体描述性统计见表 5-19。此外，经过 Hausman 检验，本书选取的是固定效应模型，且经过异方差检验。

表 5-19 相关变量的描述性统计（2000—2006 年）

变量	均值	标准差	最小值	最大值	样本量
人均基建支出（log）	3.98	0.74	2.03	6.46	126
人均教育支出（log）	4.62	0.60	1.10	5.98	126
人均社保支出（log）	3.89	0.73	2.25	6.15	126
人均转移支付（log）	4.82	0.65	3.47	6.47	126
人均 GDP（log）	8.73	0.55	7.79	10.22	126
基建支出占财政支出比重（%）	8.99	3.46	3.78	21.60	126
教育支出占财政支出比重（%）	16.87	4.38	0.70	25.54	126
社保支出占财政支出比重（%）	8.36	3.80	2.62	25.11	126
转移支付占财政支出比重（%）	20.57	6.33	7.55	38.53	126
人口密度（人/平方千米）	467.52	231.76	98.10	1007.70	126
第二产业比重（%）	40.82	10.73	16.21	72.49	126
第三产业比重（%）	33.57	5.00	22.03	49.87	126
非农人口比重（%）	21.75	10.13	11.00	54.00	126
中小学生占人口比重（%）	14.22	1.50	11.56	17.45	122

注：2000 年中雅安、巴中、资阳与眉山市的中小学在校生数缺失，故中小学生占人口比重样本为 122。

资料来源：财政部国库司、预算司：《全国地市县财政统计资料》，中国财政经济出版社（历年）；国家统计局：《中国统计年鉴》，中国统计出版社（历年）。

表 5-20 和表 5-21 分别报告了专项转移支付对各类支出（人均与比重）的影响。就人均专项转移支付对于各类人均支出的影响来看，在考虑经济发展水平前提下，无论是否加入结构性因素（产业比重、非农人口比重、人口密度以及学生占比等），人均转移支付与人均基建以及人均社保支出均存在显著的相关性。首先，人均专项转移支付显著增加了人均基建支出；同时，在经济发展水平越高的地方，人均基建支出也越大。与此大致不同的是，在其

他条件相等的情况下,人均转移支付越多的地方,其社保支出则相对越少,而对于人均教育支出则没有显著影响。此外,在经济越发达的地区,其人均社保支出则越少,这也可能是因为,在经济发达地区,民众的社保自我负担能力更强。而人均教育支出则与此相反,这凸显了教育资源的"现代化"属性,经济越发达的地区,教育公共物品也会更丰富。

表 5-20 人均转移支付对三类人均支出的影响(2000—2006 年)

	(1) 人均基建支出(log)	(2) 人均基建支出(log)	(3) 人均社保支出(log)	(4) 人均社保支出(log)	(5) 人均教育支出(log)	(6) 人均教育支出(log)
人均专项转移支付	0.345**	0.318**	-1.541***	-1.523***	-0.114	-0.138
	(2.60)	(2.43)	(-14.41)	(-14.60)	(1.13)	(0.98)
人均 GDP(log)	0.680**	0.657**	-1.070***	-1.287***	0.747***	0.453***
	(2.77)	(2.47)	(-5.66)	(-5.89)	(6.15)	(3.49)
人口密度		0.000191		0.000891		0.000781
		(0.22)		(1.09)		(0.91)
第二产业比重		0.0174		0.0575***		0.0427*
		(0.76)		(3.04)		(2.00)
第三产业比重		0.0341		0.0672***		0.0324
		(1.34)		(4.00)		(1.00)
非农人口比重		-0.000067		-0.00185		-0.0146
		(-0.01)		(-0.15)		(-0.75)
中小学生人口占比						-0.0287
						(-0.76)
Constant	-3.618**	-5.229**	5.804***	2.804	-2.886***	-3.228
	(-2.30)	(-2.21)	(4.84)	(1.62)	(-3.50)	(-1.71)
N	126	126	126	126	126	122
R^2	0.5896	0.6973	0.8103	0.8798	0.3998	0.4441

注:* $p<0.10$,** $p<0.05$,*** $p<0.01$,括号内是稳健性 t 值;各模型均控制了地区。

就转移支付比重对其他三类支出比重的影响来看,虽然转移支付比重并未显著增加基建支出比重,但对于其他两类社会类支出——社保支出与教育支出,转移支付比重均显著降低了其支出比重。换言之,在其他条件相等的情况下,越是依赖专项转移支付的地区,其社保支出与教育支出占总支出的比重则越低。同时,社保支出与教育支出比重均与人均 GDP 负相关。

表 5-21 转移支付比重对三类支出比重的影响(2000—2006 年)

	(1) 基建支出比重	(2) 基建支出比重	(3) 社保支出比重	(4) 社保支出比重	(5) 教育支出占比	(6) 教育支出占比
转移支付占比	0.0883	0.0822	-0.532***	-0.568***	-0.250***	-0.265***
	(0.67)	(0.56)	(-3.69)	(-3.54)	(-3.29)	(-2.96)
人均 GDP (log)	-1.175	-0.529	-2.925**	-5.786**	-2.572***	-1.865
	(-0.98)	(-0.24)	(-2.20)	(-2.44)	(-3.46)	(-1.37)
人口密度		0.00463***		0.00126		0.00617
		(3.67)		(0.21)		(0.71)
第二产业比重		-0.0380		0.466**		0.0609
		(-0.19)		(2.53)		(0.54)
第三产业比重		-0.0196		0.582***		0.0883
		(-0.11)		(2.94)		(0.53)
非农人口比重		-0.0836		0.129		-0.196
		(-1.01)		(1.16)		(-1.70)
中小学生人口占比						-0.224
						(-0.97)
Constant	17.43*	13.78	22.95**	5.230	44.46***	37.71***
	(2.02)	(1.01)	(2.52)	(0.50)	(8.20)	(3.59)
N	126	126	126	126	126	122
R^2	0.1302	0.1512	0.4571	0.5100	0.3790	0.4115

注:*$p<0.10$,**$p<0.05$,***$p<0.01$,括号内是稳健性 t 值;各模型均控制了地区。

(四) 小结

在这一小节中,通过对四川省的个案研究,我们试图探讨省以下转移支付体系所存在的问题与局限。首先,我们简要说明了四川省内的财政体制,主要包括其税收分享体制与省内转移支付概况。然后,我们分析了其省内转移支付体制的局限所在,主要包括:其省以下转移支付的主要目的在于弥补财政收支缺口;几乎复制中央对省的转移支付体系,一些体现省域特征的差别化因素并未在转移支付体系中得到足够重视。其资金也基本来自中央对省的转移支付。

在实证分析部分,通过对四川省各地级市 2000—2006 年数据的统计分析,我们考察了转移支付对基建、社保与教育等三类支出的影响。首先,人均专项转移支付显著增加了人均基建支出,而人均专项转移支付则与人均社保支出负相关,且并未显著增加人均教育支出。其次,就各项支出的比重而言,转移支付比重并未显著增加基建支出比重,但却均显著降低了社保与教育支出比重。这一影响也是基本符合预期。此外,专项转移支付对人均教育支出有显著正向的影响,表明其也存在积极作用。

四、重庆:地方发展型政府的扩大化样本

自 20 世纪 80 年代初以来,中央往往扮演着"引导者"与"裁决者"的角色,"探索者"的角色则主要由"次国家"行为者(sub-national actors)扮演。各级地方政府尤其是省级政府,则利用本地的各种资源、根据不同的区位条件与较为相似的政策条件来探索适合自己的发展与治理模式。

从这一角度来看,重庆近年来的发展与治理路径本身就是中国这个大试验场中的局部尝试。

(一)直辖后的重庆:中央预期、后发优势与政府推动

1997 年,重庆成为中国第四个直辖市。在重庆直辖伊始,已有学者基于当时重庆所面临的两大历史任务——三峡移民与脱贫,提出了作为中国内陆

直辖市特定发展战略的"重庆道路"。① 在当时,这种说法其实更多是一种期许:希望直辖之后的重庆能够探索出一种"探索城乡互补、共发展同繁荣的内陆直辖市新模式"。这在时任国务委员李贵鲜提交的《关于提请审议设立重庆直辖市的议案的说明》中已经进行了较为具体的阐述:带动区域发展、统筹城乡建设与完成移民任务是重庆直辖后的主要任务。

相应地,随之而来的则是中央政府源源不断的资金与政策支持。作为西部大开发战略中主要增长点与国有企业聚集的中心地区之一,重庆在直辖初期并未取得经济上的腾飞。其中的原因是复杂的,包含了社会与历史的因素。作为矿产资源丰富的内陆城市,不同于东部沿海城市的"市场"驱动,重庆的现代化和工业化从一开始就打上了深刻的"政府行为"的烙印。由于作为"二战"时的"陪都"与20世纪60—70年代的战略大后方,重庆的城市建设往往表现出些许过度发展的特点。而重庆的工业化则主要依靠沿海企业内迁形成,而战争的"阴影"使得厂址布局不尽合理,从而严重影响了企业的生产效率,其国有企业体系亟待重组。地处内陆的区位环境使得初期的招商引资困难重重。此外,冷战期间"大三线"等原因也使得重庆的国有企业中有相当一部分是军工企业和重工业,其造成的环境污染也阻碍了重庆的招商引资。而更为重要的现实是,重庆是一个典型的农业地区,大部分民众的需求还停留在"温饱"层面,而地方政府不仅面临着严峻的城镇化任务,同时也肩负着沉重的财政负担。显然,这一系列社会、经济与政治问题需要全盘规划的发展战略,并不是简单依靠市场经济就能解决的。但从另外一个角度来看,重庆也是一个典型的具备"后发优势"(late-developing advantage)的地区。

因此,重庆在直辖之后面临的严峻挑战与大部分西部省份大致类似,而其强烈的发展"期望"与面对这些挑战的应对,使得重庆政府具有充足的理由进行政府干预。而与其他西部地区不同的是,"直辖市"的地位使得

---

① 雷亨顺:《重庆模式——中国内陆直辖市的特定模式》,载《重庆大学学报(社会科学版)》,1997年第3期。

重庆可以获得相对较多的中央政府财政与政策资源,来实现发展的战略。当强烈的发展"意愿"(willingness)与足够的发展"能力"(capacity)同时具备的时候,大规模的、计划性的政府主导经济的行为就很可能在短期内实施。

总体来看,在直辖的前十年,重庆在经济增长上并未表现得十分突出,但在其他方面的成效却为后来的快速增长奠定了一定基础:三峡移民任务的完成为日后大规模城镇化、城乡配套改革做好了准备;环境污染治理、旧城区改造与交通等基础设施建设增加了重庆招商引资的竞争力;最为重要的是,2003年组建国资委大大加强了重庆政府的经济干预能力,为日后重庆实施一系列被称之为"重庆模式"的政策储备了资金来源与大规模借贷的工具。

在2007年之后,重庆的经济增长迎来了腾飞,其年均增长率均明显高于全国同期水平(见图5-7)。但究其原因,在中国"投资驱动型"增长路径的大背景下,重庆的经济增长方式与其他地区基本一致,但是重庆投融资的"意愿"和"能力"较高于其他地方。重庆的经济增长主要"借助中央特惠政策支持,通过以土地要素获取'租金'和银行融资逐渐完成基础设施配套,伴随着快速城市化进程和大规模招商引资战略,从而驱动经济起飞"[①]。此外,中央的特惠政策与重庆的招商引资战略也吸引了诸多国际大型企业(包括惠普、富士康以及德国全球最大的化工产业公司巴斯夫等)先后落户重庆,进出口额增长与竞争效应明显。

因此,重庆直辖之后的经济增长方式的路径与面临的挑战主要基于这样的逻辑:重庆的前期腾飞不能简单地依靠市场的力量,政府的引导与大规模的政府投资均不可或缺;但如果想要获得持续性的发展,则必须建立起规范的市场经济环境,即重庆的发展目标不能仅仅是以GDP为导向的增长,还需要培育可持续的预算内收入来源。

---

① 游宇:《可持续的经济大跃进?——重庆高速增长的财政解析》,载《公共行政评论》,2012年第5期。

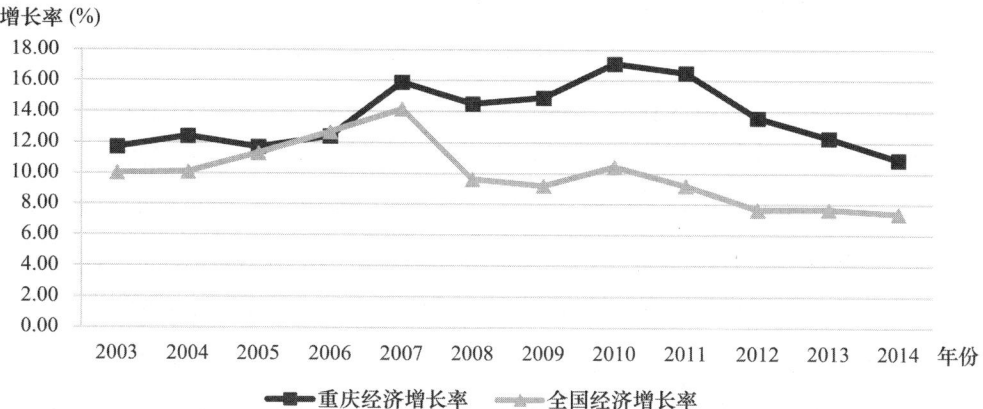

图 5 – 7 重庆与全国的经济增速比较（2003—2014 年）

数据来源：重庆市统计局、国家统计局重庆调查总队：《重庆统计年鉴》，中国统计出版社（历年）；国家统计局：《中国统计年鉴》，中国统计出版社（历年）。

（二）重庆的发展经验：理论命题与政策实践

总体来说，西方国家的经济发展历程和中国的改革开放之路，均有效地诠释了市场经济是具有效率的财富创造机制。在社会主义市场经济体制下，任何能将市场经济与社会主义有机结合起来的理论命题与改革实践具有相对的吸引力。许多地方的发展经验总结了各地为解决本地所面临的具体问题而在经济、社会等各个领域形成了各具特色并相互关联的政策，然而，其关键在于，这些发展经验是否能创造可持续的、惠及民营与民生的经济成长？而重庆的发展经验对丰富或发展中国的主流意识形态理论或者相关的政治经济学理论作出哪些贡献，这最终都要经过实践和时间的检验。

首先，重庆的国有企业改革与财政行为模式是学界关注的重点之一。崔之元认为，通过"国有资产的增值—经营性收益上交—政府有能力减税—促进民营经济发展"的路径，使得国资增值与藏富于民的目标可以兼顾起来。[①]

---

① 崔之元：《重庆实验的三个理论视角：乔治、米德与葛兰西》，载《开放时代》，2011 年第 9 期。

这与时任重庆市市长黄奇帆的"第三财政"的逻辑是基本一致的。根据他的说法，地方税收是"第一财政"，土地出让收入为"第二财政"，"第三财政"就是国有资产预算；原因在于，重庆国企每年为各级政府对基础设施、公共设施投入300亿到400亿元，重庆市政府的财政因此能够减少在基础设施上的很大一部分投入，更多地把钱用到社会保障、教育卫生事业、公共服务上。黄宗智将这一财政模式上升到"第三只手"的理论高度，即作为经济主体的国有企业，既不像亚当·斯密描述的促进市场优化的"第一只手"，也不像国家为完善市场规律而进行干预的"第二只手"，而是以"社会公平和公共利益"而非企业利润的"第三只手"；它既挑战又借助其他两只手。[①] 以上观点的逻辑链条均落脚于"公平"，即国有企业与民营企业之间的公平竞争以及前者对于后者的间接促进、城乡之间的公平发展以及整个社会公共服务水平的提升。

但是，这些带有"理想蓝图式"的阐述在经受理论与现实考验之前都是值得观察的。首先，国有资产的增值是否间接促进了民营经济的发展？这一问题可以从税收情况来回答。从重庆的工商业税种占地方财政收入（预算内＋预算外）比重来看，其比例是逐渐缩小：从2002年的51%下滑到2010年的27%，2011年之后基本在35%以下；在2012—2015年中，这一比重也大致在5%左右（见历年《重庆统计年鉴》）。当然，这种困境在全国各地也普遍存在，这似乎可以证明上述崔之元、黄宗智等理论命题的反面，即国有经济在各地的发展都给民营经济的发展造成挤出效应。这也从侧面说明，在我们纳入"非国有经济发展"的地方治理绩效中，重庆为何在1997—2009年之间进步较为缓慢。

其次是关于居民收入差距问题，这可以借助政府财政收入增速相对城乡居民收入增速的弹性系数来衡量，以此观察政府与城乡家庭居民从国民生产的财富（GDP）中获取了多少以及其年度增长情况。

我们借助于财政收入增速相对城乡居民收入增速的三类弹性系数来衡量：财政收入相对于国内生产总值的弹性系数、财政收入相对于城镇居民收入的

[①] 黄宗智：《重庆："第三只手"推动的公平发展？》，载《开放时代》，2011年第9期。

弹性系数、财政收入相对于农村居民收入的弹性系数。由于既有一般预算收入，又有包括预算外的财政收入，因此一共包括6组弹性系数。从表5-22可知，在我们所关心的时段（2006—2010年）内，这6组弹性系数均超过1，意味着重庆财政收入的增长率大于相应的自变量（如国内生产总值、城镇和农村居民收入）的增长率，表示财政收入的弹性大，政府财政收入呈现扩张趋势、财政收入增长过快且越来越高。就一般财政收入和总的财政收入而言，财政总收入相对于自变量的扩张更为明显，其增速是农村居民家庭纯收入增速的4.6倍、城市居民家庭人均可支配收入的3倍和GDP增速的2.5倍，而且相对于一般财政收入的波动较大。这表明，重庆的高速增长是伴随着高强度的财政汲取的。①

表5-22 重庆市财政收入的弹性系数（2006—2010年）

年份	财政收入相对于GDP弹性系数		财政收入相对于城市居民家庭人均可支配收入的弹性系数		财政收入相对于农村居民家庭纯收入的弹性系数	
	一般预算收入弹性系数	财政收入（含预算外）弹性系数	一般预算收入弹性系数	财政收入（含预算外）弹性系数	一般预算收入弹性系数	财政收入（含预算外）弹性系数
2006	1.91	2.46	1.83	2.35	1.83	13.26
2007	2.47	3.08	2.12	2.64	2.12	2.21
2008	2.10	1.53	2.10	1.53	2.10	1.26
2009	1.21	1.41	1.91	2.23	1.91	2.46
2010	2.89	4.14	4.44	6.37	4.44	3.97
均值	2.12	2.52	2.48	3.02	2.48	4.63
标准差	0.63	1.13	1.10	1.92	1.10	4.92

数据来源：重庆市统计局、国家统计局重庆调查总队：《重庆统计年鉴》，中国统计出版社（历年）。

注：表中城镇与农村居民家庭人均可支配收入增长率按照前一年=100计算。

---

① 游宇：《可持续的经济大跃进？——重庆高速增长的财政解析》，载《公共行政评论》，2012年第5期。

重庆发展经验中另外一项重要的政府行为是其投融资平台的组建和运作，这也是最为吸引其他地区的经验之一，因为这直接影响到地方政府获取投资的资金来源量。简言之，重庆的投融资平台是通过注入国债、土地、存量资产及税收返还等方式，在短期内组建以政府建设性投资为目的的多个融资工具，其本质是地方政府进行债务融资的手段，运用地方政府的预算内外收入作为"原始股"进行资本运作与基础建设。

地方政府投融资平台的初步探索阶段便起源于上海组建的城市建设投资开发总公司。地方政府投融资平台的发展历程大体上经历了初步探索、推广与融合以及高速发展等三个阶段：在20世纪90年代中期上海最早成立投融资平台——城市建设投资开发总公司；第二个阶段大致从1998年到2008年；这之后则进入高速发展阶段。[1] 1998年安徽的芜湖市与国家开发银行签订了第一单贷款协议；2002年以后，重庆市政府组建了"八大投"，并得到了国家开发银行的支持，对此世界银行给予了充分肯定，各地开始纷纷效仿成立地方政府投融资平台。之后，由于实行积极的财政政策和适度宽松的货币政策，其进入了高速发展阶段。政府从"显性直接负债"（即债券）变为了"或有直接负债"（即政府各部门为融资兴办的融资机构债务）。

20世纪90年代的一系列政治经济改革（主要包括分税制改革、银行业改革与国企战略重组）实际上重塑了中央与地方间关系，使得国有经济资源如税收、国有企业及其利润、金融信贷在中央与地方的重新配置，即中央政府逐渐掌握了预算内收入、大型国企与银行信贷的主导权，并把土地收益留给地方。由于一方面面临事权与财权不平衡的困境，另一方面则需要大规模的投资以拉动经济增长，因此，"穷则思变"的地方政府先后借助以土地为"媒介"的财政收入和以融资平台为"杠杠"的借贷资金填补这两大缺口。

虽然1994年的《中华人民共和国预算法》是不允许地方政府公开发债

---

[1] 魏加宁：《地方政府投融资平台的风险何在》，载《中国金融》，2010年第16期。

的，但中央政府在"促增长"与"限风险"的选择中默认了前者。而在2008年后，地方政府融资平台公司的增长显然超过了中央的预期，走在地方政府融资平台建设前列的重庆可能更早进入"主动"债务融资阶段，其债务规模可能更加庞大。国家审计署关于全国地方性政府债务的报告实际上已经为这样一种"冒进"的财政行为提出了不可持续的警告。因此，融资平台运作的重庆"模式"尽管富有"创造性"，但其高债务风险与不可持续性也注定此举难以持久维系。

总体来看，重庆的发展模式与其他地方基本相似。尽管各地的实践都有一些地方特色，但这些地方性只不过是在"大同小异"的范围之内。也没有证据表明，重庆在以上诸多方面的实践产生了比其他各地更为出色的绩效。从政策层面或有限的时空来审视重庆的发展实践意义有限，甚至会误导人们的基本判断。若要把握重庆发展经验的本质，则必须将其置于中国改革与发展的大试验场之中。

（三）一个地方主导经济发展的扩大化样本

好的制度产生正确的激励，但制度所产生的激励可能要从多方面来审视，即在产生好的激励的同时，也可能在其他方面产生负面影响。中国以区域"块块"原则为基础的多层次、多地区的 M 型组织结构，对于改革初期的经济增长、市场化改革起到了巨大激励作用，地方政府有很大的自主权，得以在国有部门以外建立市场取向的企业来促进本地的经济发展；地区之间的竞争也迫使地方政府鼓励私有企业的发展，因而产生了"攀顶竞争"（race to the top），而不是"探底竞争"（race to the bottom）。[1]

但是，地方政府以市场为导向，以及鼓励民营经济来获取税收、促进本

---

[1] Gabriella Montinola, Yingyi Qian, Barry R. Weingast, "Federalism, Chinese Style: The Political Basis for Economic Success in China", *World Politics*, Vol. 48, No. 1, 1995, pp. 50 – 81; Yingyi Qian, Barry R. Weingast, "Federalism as a Commitment to Perserving Market Incentives", *The Journal of Economic Perspectives*, Vol. 11, No. 4, 1997, pp. 83 – 92.

地经济增长，主要是20世纪80年代以及90年代初期的故事。然后，培育私营企业以获取长期的税收效应是一个较为漫长的时段。当国有企业逐渐通过"垄断"与"重组"由弱变强、地方政府具备更快驱动经济增长的政策工具与财政支持之后，中国的经济增长便逐渐转向中央引导与地方主导的路径。

重庆直辖之后的"故事"便在此基础上展开：处于中央引导与地方主导大背景之下，重庆发展的意义便在于，其地方治理与经济增长路径是否有别于中国的普遍性，或者更重要的是，是否可以矫正当前中国部分地方重"增长"轻"发展"、重"政府"轻"市场"、重"国营"轻"私营"的经济增长模式。

从目前来看，这一目标任重而道远。有研究表明，从重庆前几年高速增长的财政负担来看，这一增长模式面临挑战。[①] 首先，在财政"收"的一端，与全国其他地方政府类似，重庆也存在明显的"土地财政依赖"，而且与全国其他地方相比，重庆更为倚重土地财政（重庆从2005年之后的土地财政收入相对于一般预算收入比重远远高于全国同期平均水平）。其次，在财政"支"的一端，重庆地区的经济增量来源与全国趋势大致相同，依赖于政府消费和投资的增长，因而重庆的高速增长与当前中国驱动经济增长的主要途径并无二致，同样是依靠国有部门的高投资实现高增长。最后，在财政的收支之间，重庆则呈现出高收支缺口与高地方负债特征，而这与重庆融资平台建设的政策实践紧密相关。因此，重庆增长方式的主要特征表现为一种高汲取、高投资与高负债驱动的"三高"经济增长路径，具有较大的风险，在持续性上面临挑战。当然，这一种方式全国地方经济增长中普遍存在，只是重庆程度更甚。

因此，作为全国普遍现象的"缩影"与扩大化样本，重庆实践的本质性特征实际揭示了20世纪90年代中后期以来地方主导型经济增长的主要路径：地方政府正在通过在特殊地权制度安排（二元土地所有制）下掌握土地市场，

---

① 游宇：《可持续的经济大跃进？——重庆高速增长的财政解析》，载《公共行政评论》，2012年第5期。

并以"融资者"和"市场中介"的角色获取大量的土地财政收入与银行信贷,并通过高投资拉动经济增长,这事实上造就了快速增长,但在持续性上面临挑战。最为重要的是,一个扩大化的地方主导经济发展模式面临的最大问题在于,政府如何培育更具有市场机制特质的"市场"。

(四)小结

就中央期许重庆完成的两大任务——以自身经济增长找寻可持续发展模式和以统筹城乡发展探索公平发展路径——而言,重庆在前一方面的实践与其他地方基本相似,既有成功经验也面临风险。虽然中央政府已经开始重视并介入地方政府债务问题,但可以预期的是,投资型增长模式仍会持续下去,投资点则主要来源于持续的城镇化(尤其是县域的城镇化与规模不等的城区改造)与各类基础设施投资。

但是,重庆与多数"后发地区"面临的主要困境类似,即"后发优势"的展开往往带来的是高速的短期经济增长而面临可持续性发展的挑战,因为从客观事实而言,完成制度建构(institution building)远比驱动经济增长更加困难;从主观意愿与认知来看,过分关注于经济增长的目标往往使得经济主导者容易从短期利益出发,过分重视政府的力量也会轻视培养市场的意义。尽管有学者认为,自从 2002 年以来,"推动科学发展"与"促进社会和谐"日益成为中国经济社会发展的主题,这开启了中国超越发展型国家的进程[①],然而这一进程是缓慢的,或者这一进程呈现出较为明显的区域性差异。至少就重庆而言,在"调整经济结构重构政府与市场关系","培育市民社会重构政府与社会关系","建立健全法治在既定法理制度基础上实现政府、市场和市民社会之间的良性互动"等方面任重而道远。

[①] 参见,郁建兴、高翔:《地方发展型政府的行为逻辑及制度基础》,载《中国社会科学》,2012 年第 5 期;郁建兴、石德金:《超越发展型国家与中国的国家转型》,载《学术月刊》,2008 年第 4 期。

另外一方面,重庆的政策试验是否展现了城乡公平发展的"效力",这还有待于进一步观察与研究。近年来,国家在统筹城乡发展方面作出了多次决策。作为全国最为重要的局部"试验场"之一,重庆是一个大城市和大农村并存的一个直辖市,其在城乡统筹方面的探索值得关注。正如前文所论述的这一政策实践那样,这是一项涉及面极广、历时较长的系统性工程,并且一定是以社会发展为导向而非经济增长为目标的。

第六章 结论、讨论与政策建议

在社会科学研究中，寻找影响地方治理水平的因素，探讨如何提高地方治理的绩效，向来是研究者关注的重点。在有关"治理"的讨论中，无论是国际组织（如世界银行、世界经济与合作组织等）的相关报告还是学者的研究，在较长一段时间内较为注重对治理内涵与外延的争论，而较少就影响一定时空范围的治理的因素展开直接的实证研究。其原因是多方面的，而其中较为关键的一个便是，在很大程度上由于治理的内涵被无限放大，或者治理一词在各个语境下被广泛运用或被滥用。① 这也使得一定时空下的某种治理很难被测量，或者即使通过某种方式测量之后也需要花费过多精力去为这种测量方式辩护，这在一定程度上增加了学者进行相关实证研究的难度。

而本书的研究问题——财政资源在地方纵向各级政府间的配置以及地方政府不同导向的财政支出比重究竟会对地方治理带来什么样的影响、其具体机制是什么、为此我们应该采取什么对策，明显是实证导向的。在此问题的引导下，本书选择了混合研究的路径设计，并试图通过先定量、后定性、以定量结果引导定性分析的嵌入式分析路径或者解释性研究设计来回答上述问题。

---

① Bob Jessop, "The rise of governance and the risks of failure: the case of economic development", *International Social Science Journal*, Vol. 50, No. 155, 1998, pp. 29-45；俞可平：《治理和善治引论》，载《马克思主义与现实》，1999年第5期；[法] 辛西娅·休伊特·德·阿尔坎塔拉、黄语生：《"治理"概念的运用与滥用》，见俞可平主编：《治理与善治》，社会科学文献出版社2000年版。

然而，无论是何种研究设计，首要问题便在于寻找"地方治理绩效"的合理测量方式，并辩护其合理性。在回顾了诸多关于治理的经典研究之后，我们发现学者在探讨治理的内涵时，频繁地运用了"政府""市场主体""企业""社会主体""公众""NGO""互动（interact）"等词汇，并强调：相关治理主体之间为了实现共同目标，通过某种形式克服分歧、达成共识。① 换言之，治理所指向的是国家、市场与社会三方主体之间持续良性的互动，以达到善治的状态。但在现实之中，三方主体的权力与力量很难达到均衡，或者难以实现相互制衡。

在中国的政治经济体制下，治理与政府（公权力主体）这一联系则更加紧密，或者说，政府在地方治理中扮演了主导者的角色。其原因较为明显：在政府、市场主体与社会主体的三方互动与调试中，无论在制度建设、规则制定还是具体的仲裁事宜等方面，政府一方均占据了绝对的优势。在此背景之下，如何强化政府的责任性、回应性，如何发挥市场主体与社会主体在地方治理中的应有作用，以更为高效的方式改善地方治理，便成为当下中国改善治理模式的应有之义。

基于上述讨论，本研究在实证测量中主要想达到的目标便在于，如何涵盖政府、市场主体与社会主体等三方面的信息，并强调三者之间如何实现良性互动。因此，本研究选取了一套包含上述要素信息、在时间序列上足够长的跨地区指数，以测量各地的治理绩效。

在分析层次上，本书聚焦于省际差异。这主要因为，20世纪90年代中期我国开始分税制改革，主要规范了中央与省之间关于收入分享以及随之而来的复杂的转移支付体系，即中央与作为整体的省之间的财政关系。而在地方财政体制上，各地区之间的差异则是巨大的。从地方政府主要收入的三大来

---

① Rosenau James N., "Governance, Order and Change in World Politics", *Governance without government: Order and change in world politics*, Edited by James N. Rosenau and Ernst O. Czempiel, Cambridge and New York: Cambridge University Press, 1992; Rosenau, James N., Ernst Otto Czempiel, "Governance without Government: Order and Change in World Politics", *American Political Science Association*, Vol. 87, 1993.

第六章　结论、讨论与政策建议

源——自主税收、税收分享和政府间转移支付——来看，由于各地所建立的省本级与省以下收入分享机制（见表 3-8）、转移支付计算规则等各不相同，这实际决定了各级政府所能用于各种支出的大致规模，所以各地的一般预算资源在省级、地级与县级之间的分布也存在不同程度的差异。这样的制度设计差异主要体现在省与省之间，故而地区间的财政结构的"变异度"（variation）为我们提供了足够的分析空间。

同时，本书主要探讨了省以下财政分权与地方不同政策导向下的支出分类。前者主要指财政资源在省本级以下的支出分布，当然也分别包括市本级支出与县本级支出占全省支出的多少；而对于后者，本书主要将地方支出分为发展性支出与再分配支出两大类。同时，本书也考虑各地区的转移支付情况。但由于数据的限制，本书只能笼统地估算各地接收到的净转移支付规模。

基于此，在量化分析部分通过对 1997—2009 年间面板数据的分析，本书发现：首先，省以下财政支出分权将会显著促进政府治理水平——具体而言，在一定情况下，县级支出分权将更有利于政府治理绩效的改善，而市级财政支出分权越高，则会带来相反的效果。其次，再分配支出比重将会提升地方政府治理绩效，而发展性支出则会显著地削弱政府治理——这表明地方政府不同导向的财政支出将对政府治理绩效产生截然相反的边际影响。此外，由于转移支付的软预算约束以及助长政府规模、滋生腐败等因素，地方人均净转移支付将很可能在边际上影响地方治理。

在上述量化研究发现的基础上，通过多种各有优劣的案例选择方法，本书选择了浙江、四川与重庆作为研究个案；对于不同案例，本书的关注点也不尽相同（详见表 5-7）。对于浙江这一地方治理绩效（因变量）最好、省以下支出分权（自变量）最高的省份，我们也分别从两个方面来挖掘其中的机制：一方面，我们简要论述了浙江民营经济的发展情况，这是浙江地方治理绩效如此高效的主要来源；另一方面，浙江持续不断的"扩权强县"、简政放权政策以及省管县的财政体制，为增进浙江的市场化进程、做大县域经济提供了较为坚固的制度基础。这些都是浙江地方治理如此出色的原因所在。

四川的个案则为我们提供了省以下转移支付带来的其他影响的例子。四川巨大的人口规模、数量最多的县级行政区划、少数民族聚居地区分布广泛、自然灾害多发等各种因素，使得四川成为接受转移支付规模（绝对值）最大的省份之一。然而，正如前文所述，四川省以下转移支付的主要目的依旧在于弥补各级政府的财政收支缺口。而且，其资金也基本来自中央对省的转移支付。通过对该省18个地级市2000—2006年的面板数据分析，我们发现人均专项转移支付显著增加了人均基建支出，显著降低了人均社保支出；就各项支出的比重而言，转移支付比重显著降低了社保与教育支出比重。

此外，重庆这一样本具备"路径影响型案例"的特征，加之其更为典型的（城乡等）结构特征、治理绩效增长较为缓慢等诸多原因，本书选择重庆来讲述地方发展型政府的故事。在回顾了重庆的发展路径之后，本书认为重庆的增长模式主要是通过高投资拉动、高债务融资助推的经济高速增长，此外，过大的政府投资可能会对私人资本产生"挤出效应"。因此，如何转变经济增长方式、培育富有竞争力的私营经济主体以及规范市场机制，仍旧是重庆乃至全国发展转型的重点。

综上，本书所提出的政策建议也比较清晰。第一，就全国来看，之所以地方治理存在较大差异，其中比较关键的因素是地方政府的财政行为还不能完全满足公众需求：部分地方谋求通过高投资等发展性支出来获取经济高速增长；而公众不仅需要的是做大"蛋糕"，更需要的是公平、公开与公正地分享"蛋糕"，以及政府通过再分配政策降低贫富差距、化解社会矛盾。显然，这需要国家行政机构通过更多渠道提供高质量的"政治公共物品"来加强公众对于其公共物品供给需求的表达，比如持续强化政府的信息公开与透明度、通过预算制定听证会等形式增加公众的预算参与度等。

第二，逐步调整各级政府的支出责任，使其与相应的事权以及所供给的公共物品属性相匹配。一方面，当前国家治理的重心过多下移，即从支出来看，全国85%的支出是在地方花的，而中央只花了15%，这说明我们是一个"小中央—大地方"的结构；而其中70%又发生在地级与县级。这种支出责任的下移也意味着行政治理的下移。而其中有些公共物品具有明显的再分配性质（如社会保障、基础教育以及住房保障等），往往需要更高层级政府的统筹，而上述支出结构往往使得这些公共物品的再分配与公共性质大打折扣。党的十八届三中全会通过的《中共中央关于全面深化改革若干重大问题的决定》提出："适度加强中央事权和支出责任"；"部分社会保障、跨区域重大项目建设维护等作为中央和地方共同事权，逐步理顺事权关系；区域性公共服务作为地方事权"。

第三，就本书对于转移支付制度的设计以及四川的个案分析，我们急需改革这一转移支付体制。首先，对于接收者而言，转移支付作为一笔"意外之财"，很可能会恶化地方的委托代理问题、滋生腐败等。[①] 因此，在宏观层面上，首先应在理顺各级政府事权与支出责任基础上，尽量减少不必要的转移支付，或者尽量减少转移支付在多级政府间的传递（比如在我国，乡镇一级的转移支付，很可能源头上是来自中央层级的转移支付资金）。其次，在宏观设计上，各地区省以下转移支付体制设计应更多纳入区域性差异的特征，加大再分配的权重，逐渐淡化转移支付过于注重"弥补财政收支缺口"的作用。最后，在具体管理上，加强转移支付的预算管理与追踪机制，即"将预算绩效管理贯穿于所有省级部门对下专项转移支付资金设立、分配、使用全过程，包括绩效目标编制、绩效跟踪、绩效评价及结果运用等，建立全过程、全覆盖的预算绩效管理新机制"[②]。

第四，根据本书对于中国政治经济制度下地方治理的认知、省以下尤其是县级财政支出分权对于地方治理的优化以及对于浙江与重庆的个案分析，过分依赖于政府投资与地方发展型政府的增长路径，可能考虑并不够长远，因为其加剧了城乡收入差距以及政府与公众的紧张关系。而且，对于私营资本的排挤、造成相关产业的产能的过剩等因素，更阻碍了全国市场化进程的加速、全国经济增长方式的转变。如前文所述，中国的地方治理实际是还政

---

① 这一问题并不仅仅局限于中国，相关研究通过对于巴西的实证分析表明，上级对下级的转移支付会显著恶化地方的委托代理问题，降低参选人的整体素质，参见 Brollo Fernanda, Tommaso Nannicini, Roberto Perotti, and Guido Tabellini, "The Political Resource Curse", *American Economic Review*, Vol. 103, 2013, pp. 783–794。

② 参见"云南省改革省对下专项转移支付资金管理方式"，具体见财政部网站。

于民、还政于市场的过程,这依赖于政府持续性地简政放权、扩权强县、简化政府层级。换言之,我们改革的方向理应是"浙江道路",而企业家精神是推动发展的关键因素。正如约瑟夫·斯蒂格利茨(Joseph Stiglitz)在论述作为一种社会转型的发展时所强调:各国应优先发展的领域之一就是个人与国家能力建设,而培育企业家精神便是能力建设的重中之重;因为成功的发展和转型最终将来自一个国家的内部,而且为了实现这一目标,必须有制度、企业家精神和卓越的领导才能等来催化、吸收和管理变革的过程以及变革的社会。[1]

一言以蔽之,通过考察我国地方财政制度对于不同维度地方治理的影响,我们希望以此来反思中国经济的增长方式。国家引导的资本积累与公共投资驱动的经济增长,在很大程度上是依靠国家主体的力量,而非民营企业、社会组织或公众个体。

我们的研究大致探讨了两种不同的发展路径:一种是上下结合与市场导向型的模式,另外一个模式则依赖于大规模政府投资、国家产业政策以及各类政府补贴。整体而言,中国各地的发展实践大多介于两种模式之间。然而,从改善地方治理而言,如何逐步有序地实现行政分权、在公私部门间形成互惠与互赖的网络化结构,仍是国家今后改革的重点方向。

当然,在实证层面上,本书还有诸多可以改进的地方,比如对于地方治理的操作化、变量设置、估计方法以及对于研究发现的稳健性检验等。同时,由于数据(转移支付等)上的局限,我们难以对某些问题进行更为深入的大样本分析,这需要更多的实地调研和小样本比较或者个案分析来解决。上述问题也为未来的研究方向与更为精细的研究设计指明了道路。

---

[1] Stiglitz Joseph E., "Towards a New Paradigm for Development: Strategies, Policies, and Processes", *Applied Econometrics & International Development*, 2002.

附录1 财税改革主要文件概要

文件名	颁布时间与机构
《关于国营企业利改税试行办法》	1983年4月24日 国务院
《国营企业第二步利改税试行办法》	1984年9月18日 国务院
《关于国家预算内基本建设投资全部由拨款改为贷款的暂行规定》	1984年12月4日 国家计委、财政部、建设银行
《国务院关于实行分税制财政管理体制的决定》	1993年12月15日 国务院
《国务院关于印发所得税收入分享改革方案的通知》	2001年12月31日 国务院
《中华人民共和国企业所得税法》	2007年3月16日 全国人民代表大会
《关于实施成品油价格和税费改革的通知》	2008年12月19日 国务院
《2005年中央财政对地方缓解县乡财政困难奖励和补助办法》	2005年5月8日 财政部 ("三奖"：一是对财政困难县政府增加税收收入和省市级政府增加对财政困难县财力性转移支付给予奖励；二是对县乡政府精简机构和人员给予奖励；三是对产粮食大县给予奖励。 "一补"：是对以前缓解县乡财政困难工作做得好的地区给予补助。 财政部从2005年开始实施这一政策，其目的就是要缓解县乡财政困难)

(续表)

文件名	颁布时间与机构
《财政部关于编制 2001 年中央部门预算的通知》	2000 年 8 月 8 日 财政部
中共中央办公厅、国务院办公厅关于转发《监察部、财政部、国家计委、中国人民银行、审计署关于 1999 年落实行政事业性收费和罚没收入"收支两条线"规定工作的意见》的通知	1999 年 6 月 6 日 中共中央办公厅 国务院办公厅
《国务院办公厅转发财政部关于深化收支两条线改革进一步加强财政管理意见的通知》	2001 年 12 月 10 日 国务院
财政部中国人民银行关于印发《中央财政国库集中收付代理银行招投标管理暂行办法》的通知	2003 年 3 月 7 日 财政部
《财政部关于深化地方国库集中收付制度改革的指导意见》	2007 年 5 月 21 日 财政部
《政府采购管理暂行办法》	1999 年 4 月 17 日 财政部
《中华人民共和国政府采购法》	2002 年 6 月 29 日 全国人大常委会
财政部关于印发《中央单位政府采购管理实施办法》的通知	2004 年 7 月 23 日 财政部
财政部关于印发《中央部门预算支出绩效考评管理办法（试行)》的通知	2005 年 5 月 25 财政部
《财政部 中国人民银行 国家税务总局关于进行政府收支分类改革模拟试点的通知》	2005 年 2 月 25 日 财政部、中国人民银行、国家税务总局
财政部关于印发《政府收支分类改革方案》的通知	2006 年 2 月 10 日 财政部

(续表)

文件名	颁布时间与机构
《财政部关于修订 2007 年政府收支分类科目的通知》	2006 年 7 月 26 日 财政部
《深化国税、地税征管体制改革方案》	2015 年 12 月 24 日 中共中央办公厅、 国务院办公厅

附录2 政府工作报告关于转移支付的论述，1994—2015年

年	频率	提法及主要内容
1994	0	
1995	0	
1996	1	逐步实行规范的转移支付制度
1997	1	尽管中央财政困难，但仍需增加对经济落后地区转移支付
1998	0	
1999	1	支持做好国有企业下岗职工基本生活保障和再就业工作
2000	0	
2001	1	增加对西部地区的投入和财政转移支付
2002	3	"对发放工资确有困难的省、自治区、直辖市，中央财政通过转移支付予以补助。市、县级财政有困难的，省级财政也要通过转移支付予以补助。""中央从所得税增量中多分享的收入，全部用于对地方主要是中西部地区的一般性转移支付。"
2003	4	增加对西部的财政转移支付。"中央财政实力显著增强，对地方转移支付力度不断加大。""首先要确保工资按时足额发放，继续增加社会保障支出，加大对农业、农村义务教育和农村卫生的投入，加大对中西部地区和困难地区的转移支付。"
2004	2	中央财政拿出396亿元用于转移支付，支持农村税费改革。"中央财政和省、市（地）财政要增加对贫困县义务教育的转移支付。"
2005	3	增大对农业牧业税减免政策的支持、支持产粮大县和财政困难县。完善和规范中央财政转移支付制度

附录2　政府工作报告关于转移支付的论述，1994—2015年

(续表)

年	频率	提法及主要内容
2006	5	增加对种粮农民的补贴和对产粮大县及财政困难县的转移支付。保证基层政权正常运转和农村义务教育的需要。加大对西部地区的政策扶持和财政转移支付力度。完善转移支付制度
2007	3	增加对财政困难县乡和产粮大县的转移支付。增加对地方税收返还和一般转移支付。加快公共财政体系建设，完善财政转移支付制
2008	6	逐步完善转移支付制度。"2003年到2007年，中央财政对地方的转移支付累计4.25万亿元，87%用于支持中西部地区。"依法增加地方两税返还和一般性转移支付的支出。提高一般性转移支付规模和比例。加强廉政，规范转移支付制度
2009	2	加大对产粮大县一般性转移支付。完善财政转移支付制度
2010	2	完善财政转移支付制度，加大一般性转移支付，增强地方政府提供基本公共服务的能力
2011	4	财政转移支付制度逐步完善，县级基本财力保障机制初步建立。增加中央财政对粮食、油料、生猪调出大县的一般性转移支付。清理和归并专项转移支付项目，增加一般性转移支付，健全县级基本财力保障机制
2012	2	完善分税制，健全转移支付制度，提高一般性转移支付规模和比例
2013	2	大力推进财税体制改革，完善转移支付制度。加快财税体制改革，理顺中央和地方财力与事权的关系，完善财政转移支付制度
2014	3	优化财政支出，整合压缩专项转移支付。提高一般性转移支付比例，专项转移支付项目要减少三分之一，今后还要进一步减少
2015	4	预算管理制度和税制改革取得重要进展，专项转移支付项目比上年减少三分之一以上，一般性转移支付比重增加。改革转移支付制度，完善中央和地方的事权与支出责任，合理调整中央和地方收入划分。建立财政转移支付与市民化挂钩机制

资料来源：1994—2008年政府工作报告；历年政府工作报告；中央政府门户网站。

参考文献

[1][法]辛西娅·休伊特·德·阿尔坎塔拉、黄语生：《"治理"概念的运用与滥用》，译见俞可平主编：《治理与善治》，社会科学文献出版社2000年版。

[2][美]詹·库伊曼：《治理和治理能力：利用复杂性、动态性和多样性》，周云红译，见俞可平主编：《治理与善治》，社会科学文献出版社2000年版。

[3][美]李侃如：《治理中国：从革命到改革》，胡国成、赵梅译，中国社会科学出版社2010年版。

[4][美]威廉姆斯·A.尼斯坎南：《官僚制与公共经济学》，中国青年出版社2004年版。

[5][意大利]乔万尼·阿里吉：《亚当·斯密在北京：21世纪的谱系》，路爱国、黄平、许安结译，社会科学文献出版社2009年版。

[6][英]卡洛林·安德鲁、迈克·戈登史密斯：《从地方政府管理到地方治理》，周红云译，见俞可平主编：《治理与善治》，社会科学文献出版社2000年版。

[7][英]雷纳特·梅因茨：《统治失效与治理能力问题：对一个理论范式的评价》，周红云译，见俞可平主编：《治理与善治》社会科学文献出版社2000版。

[8][美]保罗·彼得森：《联邦主义的代价》，段晓雁译，北京大学出

版社 2011 年版。

[9] 财政部：《中国财政年鉴》，中国财经杂志社（1995—2011 年）。

[10] 财政部预算司：《中国省以下财政体制 2006》，中国财政经济出版社 2007 年版。

[11] 财政部：《中央对地方税收返还和转移支付决算表》（2011—2014 年）。

[12] 财政部国库司预算司：《全国地市县财政统计资料》，中国财政经济出版社（历年）。

[13] 财政部预算司：《地方财政统计资料 1997》，新华出版社 1998 年版。

[14] 财政部预算司：《地方财政统计资料 1998—2007》，中国财政经济出版社 1999—2008 年版。

[15] 财政部预算司：《地方财政统计资料 2008》，经济科学出版社 2011 年版。

[16] 财政部预算司：《地方财政统计资料 2009》，经济科学出版社 2011 年版。

[17] 陈昌盛、蔡跃洲：《中国政府公共服务：基本价值取向与综合绩效评估》，载《财政研究》，2007 年第 6 期。

[18] 陈刚、李树：《官员交流、任期与反腐败》，载《世界经济》，2012 年第 2 期。

[19] 陈抗、Arye L Hillman、顾清扬：《财政集权与地方政府行为变化——从援助之手到攫取之手》，载《经济学（季刊）》，2002 年第 2 期。

[20] 陈诗一、张军：《中国地方政府财政支出效率研究：1978—2005》，载《中国社会科学》，2008 年第 4 期。

[21] 崔之元：《重庆实验的三个理论视角：乔治、米德与葛兰西》，载《开放时代》，2011 年第 9 期。

[22] 樊纲、王小鲁、朱恒鹏：《中国市场化指数——各地区市场化相对进程 2011 年报告》，经济科学出版社 2011 年版。

［23］范柏乃、朱华：《我国地方政府绩效评价体系的构建和实际测度》，载《政治学研究》，2005年第1期。

［24］范子英、张军：《粘纸效应：对地方政府规模膨胀的一种解释》，载《中国工业经济》，2010年第12期。

［25］范子英：《转移支付、基础设施投资与腐败》，载《经济社会体制比较》，2013年第2期。

［26］方红生、张军：《中国地方政府竞争、预算软约束与扩张偏向的财政行为》，载《经济研究》，2009年第12期。

［27］付文林、沈坤荣：《均等化转移支付与地方财政支出结构》，载《经济研究》，2012年第5期。

［28］傅勇、张晏：《中国式分权与财政支出结构偏向：为增长而竞争的代价》，载《管理世界》，2007年第3期。

［29］傅勇、张晏：《中国式分权与财政支出结构偏向：为增长而竞争的代价》，载《管理世界》，2007年第3期。

［30］傅勇：《财政分权，政府治理与非经济性公共物品供给》，载《经济研究》，2010年第8期。

［31］高军、王晓丹：《"省直管县"财政体制如何促进经济增长——基于江苏省2004—2009年数据的实证分析》，载《财经研究》，2012年第3期。

［32］高楠、梁平汉：《为什么政府机构越来越膨胀？——部门利益分化的视角》，载《经济研究》，2015年第9期。

［33］高学德、翟学伟：《政府信任的城乡比较》，载《社会学研究》，2013年第2期。

［34］管玥：《政治信任的层级差异及其解释：一项基于大学生群体的研究》，载《公共行政评论》，2012年第5期。

［35］郭庆旺、贾俊雪：《中央财政转移支付与地方公共服务提供》，载《世界经济》，2008年第9期。

［36］国家统计局：《新中国五十五年统计资料汇编》，中国统计出版社2005年版。

[37] 国家统计局：《中国统计年鉴》，中国统计出版社（历年）。

[38] 国务院：《关于实行分税制财政管理体制的决定》（国发〔1993〕85 号）。

[39] 国务院：《国务院关于明确中央与地方所得税收入分享比例的通知》（国发〔2003〕26 号）。

[40] 国务院：《国务院关于印发所得税收入分享改革方案的通知》（国发〔2001〕27 号）。

[41] 国务院：《国务院关于同意江苏省改革地市体制调整行政区划给江苏省人民政府的批复》，载《中华人民共和国国务院公报》，1983 年。

[42] 何清涟：《现代化的陷阱》，今日中国出版社 1998 年版。

[43] 何显明：《政府与市场：互动中的地方政府角色变迁——基于浙江现象的个案分析》，载《浙江社会科学》，2008 年第 6 期。

[44] 侯一麟：《政府职能、事权事责与财权财力：1978 年以来我国财政体制改革中财权事权划分的理论分析》，载《公共行政评论》，2009 年第 2 期。

[45] 胡荣、胡康、温莹莹：《社会资本、政府绩效与城市居民对政府的信任》，载《社会学研究》，2011 年第 1 期。

[46] 胡荣：《农民上访与政治信任的流失》，载《社会学研究》，2007 年第 3 期。

[47] 黄孟复：《中国民营经济蓝皮书：中国民营经济发展报告》，社会科学文献出版社 2009 年版。

[48] 黄佩华、王桂娟、吴素萍：《中国：国家发展与地方财政》，中信出版社 2003 年版。

[49] 黄亚生：《浙江私营企业家乃中国之榜样》，*FT* 中文网（访问时间：2006 年 10 月 9 日）。

[50] 黄宗智：《重庆："第三只手"推动的公平发展？》，载《开放时代》，2011 年第 9 期。

[51] 贾俊雪、宁静：《地方政府支出规模与结构的居民收入分配效应及

制度根源》，载《经济理论与经济管理》，2011年第8期。

[52] 贾俊雪、张永杰、郭婧：《省直管县财政体制改革、县域经济增长与财政解困》，载《中国软科学》，2013年第6期。

[53] 贾康、阎坤：《完善省以下财政体制改革的中长期思考》，载《管理世界》，2005年第8期。

[54] 贾康、赵全厚：《中国财政通史（当代卷）》，中国财政经济出版社2006年版。

[55] 贾康：《财政的扁平化改革和政府间事权划分》，载《中共中央党校学报》，2008年第11期。

[56] 江飞涛、曹建海：《市场失灵还是体制扭曲——重复建设形成机理研究中的争论、缺陷与新进展》，载《中国工业经济》，2009年第1期。

[57] 孔卫拿、张光：《功能性联邦主义的中国形态及其代价》，载《公共行政评论》，2013年第5期。

[58] 孔卫拿：《中国式分权的代价》，厦门大学博士论文，2014年。

[59] 雷根强、蔡翔：《初次分配扭曲、财政支出城市偏向与城乡收入差距——来自中国省级面板数据的经验证据》，载《数量经济技术经济研究》，2012年第3期。

[60] 雷光勇、王文：《政府治理、风险承担与商业银行经营业绩》，载《金融研究》，2014年第1期。

[61] 雷亨顺：《重庆模式——中国内陆直辖市的特定模式》，载《重庆大学学报（社会科学版）》，1997年第3期。

[62] 雷艳红、游宇：《央地关系视角的土地财政：一个制度层面的梳理》，载《中国行政管理》，2012年第10期。

[63] 李连江：《差序政府信任》，载《二十一世纪（香港）》，2012年六月号。

[64] 李明、李慧中、苏晓馨：《财政分权、制度供给与中国农村基层政治治理》，载《管理世界》，2011年第2期。

[65] 李培林：《中国贫富差距的心态影响和治理对策》，载《江苏社会

科学》,2001 年第 3 期。

[66] 李萍:《中国政府间财政关系图解》,中国财政经济出版社 2006 年版。

[67] 李强:《国家能力与国家权力的悖论——兼评王绍光,胡鞍钢〈中国国家能力报告〉》,载《中国书评》,1998 年二月号。

[68] 李强:《后全能体制下现代国家的构建》,载《战略与管理》,2001 年第 6 期。

[69] 李文:《地方政府收入结构与地方政府有效治理》,载《公共经济与政策研究》,2015 年第 2 期。

[70] 李学斌:《分税制实施与地方政府行为》,载《税务研究》,1994 年第 11 期。

[71] 李永刚:《传统民间文化理性与浙江民营经济发展——基于非正规制度理论的一种新解释》,载《中共浙江省委党校学报》,2002 年第 1 期。

[72] 李芝兰、吴理财:《"倒逼"还是"反倒逼"——农村税费改革前后中央与地方之间的互动》,载《社会学研究》,2005 年第 4 期。

[73] 梁若冰:《财政分权下的晋升激励、部门利益与土地违法》,载《经济学(季刊)》,2009 年第 9 期。

[74] 刘骥、张玲、陈子恪:《社会科学为什么要找因果机制——一种打开黑箱、强调能动的方法论尝试》,载《公共行政评论》,2011 年第 4 期。

[75] 刘骥:《找到微观基础——公共选择理论的中国困境》,载《开放时代》,2009 年第 1 期。

[76] 刘佳、吴建南、马亮:《地方政府官员晋升与土地财政——基于中国地市级面板数据的实证分析》,载《公共管理学报》,2012 年第 2 期。

[77] 刘乐山、何炼成:《取消农业税后的县乡财政困难问题研究》,载《经济体制改革》,2005 年第 3 期。

[78] 刘穷志、何奇:《腐败侵蚀与财政支出扭曲》,载《财贸研究》,2011 年第 2 期。

[79] 刘溶沧、焦国华:《地区间财政能力差异与转移支付制度创新》,

载《财贸经济》，2002年第6期。

[80] 刘瑞明、石磊：《国有企业的双重效率损失与经济增长》，载《经济研究》，2010年第1期。

[81] 刘尚希：《从县财政困难看现行财政体制的缺陷》，载《中国经济时报》，2007年11月15日。

[82] 刘守英、蒋省三：《土地融资与财政和金融风险——来自东部一个发达地区的个案》，载《中国土地科学》，2005年第5期。

[83] 龙太江、王邦佐：《经济增长与合法性的"政绩困局"——兼论中国政治的合法性基础》，载《复旦学报（社会科学版）》，2005年第3期。

[84] 陆巍峰：《浙江民营经济发展与地方政府行为》，载《宏观经济管理》，2006年第9期。

[85] 罗卫东、郑恒：《浙江民营经济增长要素的实证分析》，载《财经论丛（浙江财经学院学报）》，2005年第3期。

[86] 马斌、徐越倩：《省管县体制变迁的浙江模式：渐进改革与制度路径》，载《理论与改革》，2010年第1期。

[87] 马斌：《政府间关系：权力配置与地方治理》，浙江大学出版社2009年版。

[88] 马得勇、张蕾：《测量治理：国外的研究及其对中国的启示》，载《公共管理学报》，2008年第5期。

[89] 马光荣、李力行：《政府规模，地方治理与企业逃税》，载《世界经济》，2012年第6期。

[90] 马骏：《中国财政国家转型：走向税收国家?》，载《吉林大学社会科学学报》，2011年第1期。

[91] 毛捷、管汉晖、林智贤：《经济开放与政府规模——来自历史的新发现（1850—2009）》，载《经济研究》，2015年第7期。

[92] 倪星：《地方政府绩效评估指标的设计与筛选》，载《武汉大学学报（哲学社会科学版）》，2007年第2期。

[93] 彭勃：《社会冲突困局与地方发展主义》，载《经济社会体制比

较》，2009年第2期。

［94］彭浩然、吴木銮、孟醒：《中国财政分权对健康的影响》，载《财贸经济》，2013年第11期。

［95］彭健：《中国政府预算制度的演进（1949—2006年）》，载《中国经济史研究》，2008年第3期。

［96］钱先航、曹廷求、李维安：《晋升压力，官员任期与城市商业银行的贷款行为》，载《经济研究》，2011年第12期。

［97］乔宝云、范剑勇、冯兴元：《中国的财政分权与小学义务教育》，载《中国社会科学》，2005年第6期。

［98］乔宝云、范剑勇、彭骥鸣：《政府间转移支付与地方财政努力》，载《管理世界》，2006年第3期。

［99］史际春、肖竹：《论分权、法治的宏观调控》，载《中国法学》，2006年第4期。

［100］世界银行：《中国：省级支出考察报告》，2002年。

［101］四川省人民政府：《关于实施所得税收入分享改革的通知》（川府发〔2003〕36号）。

［102］四川省人民政府：《关于调整省与内地民族自治县和享受民族待遇县税收分享政策有关问题的通知》（川财预〔2003〕22号）。

［103］四川省人民政府：《关于调整省与市地州财政管理体制的通知》（川府发〔2000〕4号）。

［104］孙柏英：《当代地方治理——面向21世纪的挑战》，中国人民大学出版社2004年版。

［105］孙秀林、周飞舟：《土地财政与分税制：一个实证解释》，载《中国社会科学》，2013年第4期。

［106］谭之博、周黎安、赵岳：《省管县改革、财政分权与民生——基于"倍差法"的估计》，载《经济学（季刊）》，2015年第3期。

［107］陶然、刘明兴：《中国城乡收入差距、地方政府开支及财政自主》，载《世界经济文汇》，2007年第2期。

[108] 陶然、陆曦、苏福兵、汪晖：《地区竞争格局演变下的中国转轨：财政激励和发展模式反思》，载《经济研究》，2009年第7期。

[109] 天则经济研究所课题组：《国有企业的性质、表现与改革》，天则经济研究所，2011。

[110] 王蓉、杨建芳：《中国地方政府教育财政支出行为实证研究》，载《北京大学学报（哲学社会科学版）》，2008年第4期。

[111] 王绍光、马骏：《走向"预算国家"：财政转型与国家建设》，载《公共行政评论》，2008年第1期。

[112] 王绍光：《大转型：1980年代以来中国的双向运动》，载《中国社会科学》，2008年第1期。

[113] 王绍光：《分权的底线》，载《战略与管理》，1995年第2期。

[114] 王绍光：《中国财政转移支付的政治逻辑》，载《战略与管理》，2002年第3期。

[115] 王世磊、张军：《中国地方官员为什么要改善基础设施？——一个关于官员激励机制的模型》，载《经济学（季刊）》，2008年第2期。

[116] 王永钦、张晏、章元、陈钊、陆铭：《中国的大国发展道路——论分权式改革的得失》，载《经济研究》，2007年第1期。

[117] 王正绪、游宇：《经济发展与民主政治——东亚儒家社会的公民价值观念的链接》，载《开放时代》，2012年第6期。

[118] 王正绪：《经济社会现代化与大众民主观念在东亚社会的兴起》，载《开放时代》，2012年第10期。

[119] 王祖强、汪水波：《浙江省不同组织类型私营企业发展的比较研究》，载《中共云南省委党校学报》，2001年第6期。

[120] 魏加宁：《地方政府投融资平台的风险何在》，载《中国金融》，2010年第16期。

[121] 吴国光、郑永年：《论中央地方关系：中国制度转型中的一个轴心问题》，牛津大学出版社1995年版。

[122] 吴木銮：《分权下集权是否有效：一个公务员工资执行的视角》，

载《开放时代》,2011年第6期。

[123] 吴一平、王健:《制度环境、政治网络与创业:来自转型国家的证据》,载《经济研究》,2015年第8期。

[124] 吴一平:《财政分权、腐败与治理》,载《经济学(季刊)》,2008年第3期。

[125] 项怀诚:《中国财政体制改革六十年》,载《预算管理与会计》,2009年10期。

[126] 徐建牛:《从经营企业到经营土地——转型期乡镇政府经济行为的演进》,载《广东社会科学》,2010年第4期。

[127] 徐竹青:《省管县建制模式研究——以浙江为例》,载《中共浙江省委党校学报》,2004年第6期。

[128] 燕继荣:《分权改革与国家治理:中国经验分析,载《学习与探索》,2015年第1期。

[129] 杨宏山:《政府绩效评估的适用领域与目标模式》,载《中国人民大学学报》,2012年第4期。

[130] 杨良松:《测量中国的省内财政分权》,载《复旦公共行政评论》,2015年第2期。

[131] 杨良松:《中国的财政分权与地方教育供给——省内分权与财政自主性的视角》,载《公共行政评论》,2013年第6期。

[132] 杨良松:《中国干部管理体制减少了地方政府教育支出吗?——来自省级官员的证据》,载《公共管理学报》,2013年第10期。

[133] 杨良松:《转移支付增加地方教育支出了吗?——基于2001—2009年地级数据的研究》,中国教育财政学术会议,2015年。

[134] 杨其静、聂辉华:《保护市场的联邦主义及其批判:基于文献的一个思考》,载《经济研究》,2008年第3期。

[135] 杨其静、郑楠:《地方领导晋升竞争是标尺赛,锦标赛还是资格赛》,载《世界经济》,2013年第12期。

[136] 杨雪冬:《近30年中国地方政府的改革与变化:治理的视角》,载

《社会科学》，2008年第12期。

［137］姚洋：《中性政府：对转型期中国经济成功的一个解释》，载《经济评论》，2009年第3期。

［138］叶成城、黄振乾、唐世平：《社会科学中的时空与案例选择》，载《经济社会体制比较》，2018年第3期。

［139］游宇、王正绪：《互动与修正的政治信任——关于当代中国政治信任来源的中观理论》，载《经济社会体制比较》，2014年第2期。

［140］游宇、张光：《事与愿违：财政支出导向与政治信任》，载《开放时代》，2015年第1期。

［141］游宇、张光：《中国公务人员工资水平地区差异的政治经济学》，载《复旦公共行政评论》，2015年第2期。

［142］游宇：《可持续的经济大跃进？——重庆高速增长的财政解析》，载《公共行政评论》，2012年第5期。

［143］游宇：《投资驱动、土地依赖与地方治理——基于中国地级市的实证研究（2003—2010）》，载《甘肃行政学院学报》，2014年第5期。

［144］于建嵘：《抗争性政治：中国政治社会学基本问题》，人民出版社2010年版。

［145］俞可平、王颖：《公民社会的兴起与政府善治》，载《中国改革》，2001年第6期。

［146］俞可平：《增量民主与善治》，社会科学文献出版社2005年版。

［147］俞可平：《治理和善治：一种新的政治分析框架》，载《南京社会科学》，2001年第9期。

［148］俞可平：《治理和善治引论》，载《马克思主义与现实》，1999年第5期。

［149］俞可平：《治理与善治》，社会科学文献出版社2000年版。

［150］俞可平：《中国公民社会的兴起与治理的变迁》，见俞可平主编：《治理与善治》，社会科学文献出版社2000年版。

［151］郁建兴、高翔：《地方发展型政府的行为逻辑及制度基础》，《中

国社会科学》，2012年第5期。

[152] 郁建兴、石德金：《超越发展型国家与中国的国家转型》，载《学术月刊》，2008年第4期。

[153] 袁渊、左翔：《"扩权强县"与经济增长：规模以上工业企业的微观证据》，载《世界经济》，2011年第3期。

[154] 张光：《"官民比"省际差异原因研究》，载《公共行政评论》，2008年第1期。

[155] 张光：《财政分权省际差异、原因和影响初探》，载《公共行政评论》，2009年第1期。

[156] 张光：《测量中国的财政分权》，载《经济社会体制比较》，2011年第6期。

[157] 张光：《中国行政管理成本决定因素实证分析——兼论"缩省论"的合理性》，载《天津行政学院学报》，2007年第9期。

[158] 张岌：《中国行政成本省际差异研究——基于1998—2003年时期的数据分析》，载《公共行政评论》，2011年第4期。

[159] 张静：《案例分析的目标：从故事到知识》，载《中国社会科学》，2018年第8期。

[160] 张军、高远、傅勇、张弘：《中国为什么拥有了良好的基础设施?》，载《经济研究》，2007年第3期。

[161] 张立承：《省对下财政体制研究》，经济科学出版社2011年版。

[162] 张莉、高元骅、徐现祥：《政企合谋下的土地出让》，载《管理世界》，2013年第12期。

[163] 张莉、王贤彬、徐现祥：《财政激励、晋升激励与地方官员的土地出让行为》，载《中国工业经济》，2011年第4期。

[164] 张千帆：《宪政、法治与经济发展：一个初步的理论框架》，载《同济大学学报（社会科学版）》，2005年第2期。

[165] 张晏、龚六堂：《分税制改革、财政分权与中国经济增长》，载《经济学（季刊）》，2005年第5期。

[166] 章奇、刘明兴：《民营经济发展地区差距的政治经济学分析：来自浙江省的证据》，载《世界经济》，2012年第7期。

[167] 赵鼎新：《社会与政治运动讲义》，社会科学文献出版社2012年版。

[168] 浙江省发改委城乡体改处课题组：《浙江省扩权强县改革研究 浙江区域经济发展报告（2009—2010）》，浙江教育出版社2010年版。

[169] 浙江省人民政府：《浙江省人民政府关于进一步完善地方财政体制的通知》（浙政发〔2003〕38号）。

[170] 浙江省统计局、国家统计局浙江调查总队：《2008年浙江省国民经济和社会发展统计公报》，2009年。

[171] 郑志龙：《走向地方治理后的政府绩效评估》，载《中国行政管理》，2009年第1期。

[172] 中华全国工商业联合会：《中国私营经济年鉴（2006年6月—2008年6月）》，中华工商联合出版社2009年版。

[173] 重庆市统计局、国家统计局重庆调查总队：《重庆统计年鉴》，中国统计出版社（历年）。

[174] 周飞舟：《财政体制和农民负担》，载《香港社会科学（季刊）》，2009年秋季号。

[175] 周飞舟：《从汲取型政权到"悬浮型"政权》，载《社会学研究》，2006年第3期。

[176] 周飞舟：《大兴土木：土地财政与地方政府行为》，载《经济社会体制比较》，2010年第3期。

[177] 周飞舟：《分税制十年：制度及其影响》，载《中国社会科学》，2006年第6期。

[178] 周黎安、陈烨：《中国农村税费改革的政策效果：基于双重差分模型的估计》，载《经济研究》，2005年第8期。

[179] 周黎安、李宏彬、陈烨：《相对绩效考核：中国地方官员晋升机制的一项经验研究》，载《经济学报》，2005年第1期。

[180] 周黎安:《官员晋升锦标赛与竞争冲动》,载《人民论坛》,2010年第15期。

[181] 周黎安:《晋升博弈中政府官员的激励与合作》,载《经济研究》,2004年第6期。

[182] 周黎安:《中国地方官员的晋升锦标赛模式研究》,载《经济研究》,2007年第7期。

[183] 周黎安:《转型中的地方治理:官员激励与治理》,上海人民出版社2008年版。

[184] 周黎安:《转型中的地方治理:官员激励与治理》,世纪出版社2008年版,上海人民出版社2008年版。

[185] 周业安、章泉:《财政分权、经济增长和波动》,载《管理世界》,2008年第3期。

[186] 周振超:《打破职责同构:条块关系变革的路径选择》,载《中国行政管理》,2005年第9期。

[187] 朱光磊、张志红:《"职责同构"批判》,载《北京大学学报(哲学社会科学版)》,2005年第1期。

[188] 朱红琼:《中央与地方财政关系及其变迁史》,经济科学出版社2008年版。

[189] 朱天飚:《比较政治经济学》,北京大学出版社2006年版。

[190] 庄玉乙、张光:《"利维坦"假说、财政分权与政府规模扩张:基于1997—2009年的省级面板数据分析》,载《公共行政评论》,2012年第4期。

[191] 卓越:《政府绩效评估指标设计的类型和方法》,载《中国行政管理》,2007年第2期。

[192] OECD:《中国公共支出面临的挑战》,清华大学出版社2006年版。

[193] Akai, Nobuo and Masayo Sakata. "Fiscal Decentralization Contributes to Economic Growth: Evidence from State-Level Cross-Section Data for the United States." *Journal of Urban Economics* 52 (2002): 93–108.

［194］ Arellano, Manuel and Olympia Bover. "Another Look at the Instrumental Variable Estimation of Error-Components Models." *Journal of Econometrics* 68 (1995): 29 – 51.

［195］ Bahl, Roy and Jorge Martinez-Vazquez. *Sequencing fiscal decentralization*. Washington, D. C.: The World Bank, 2006.

［196］ Bardhan, Pranab and Dilip Mookherjee. "The Rise of Local Governments: An Overview." in Pranab Bardhan and Dilip Mookherjee (ed.), *Decentralization and local governance in developing countries: A comparative perspective*. Cambridge: MIT press, 2006.

［197］ Barro, Robert J. "Government spending in a simple model ofendogeneous growth." *Journal of Political Economy* 98. 5, Part 2 (1990): S103 – S125.

［198］ Bhattasali, Deepak and Christine P. W. Wong. *China-National Development and Sub-National Finance: A Review of Provincial Expenditures*. Washington, D. C.: The World Bank, 2002.

［199］ Bird, Richard M., Robert D. Ebel, and Christine I. Wallich, eds. *Decentralization of the socialist state: Intergovernmental finance in transition economies*. Washington, D. C.: The World Bank, 1995.

［200］ Blöchliger, Hansjörg and Oliver Petzold. *Taxes and Grants: On the Revenue Mix of Sub-Central Governments*. OECD Publishing, 2009.

［201］ Blundell, Richard and Stephen Bond. "Initial Conditions and Moment Restrictions in Dynamic Panel Data Models." *Journal of Econometrics* 87 (1998): 115 – 143.

［202］ Bo, Zhiyue. "Economic Performance and Political Mobility: Chinese Provincial Leaders." *Journal of Contemporary China* 5 (1996): 135 – 154.

［203］ Bo, Zhiyue. *Chinese provincial leaders: Economic performance and political mobility since 1949*. East Gate Book, 2002.

［204］ Boadway, Robin W. and Anwar Shah, eds. *Intergovernmental fiscal transfers: principles and practices*. World Bank Publications, 2007.

［205］Boadway, Robin. "Inter-Governmental Fiscal Relations: The Facilitator of Fiscal Decentralization." *Constitutional Political Economy* 12 (2001): 93–121.

［206］Bond, Stephen R. "Dynamic Panel Data Models: A Guide to Micro Data Methods and Practice." *Portuguese Economic Journal* 1 (2002): 141–162.

［207］Brace, Paul. *State government and economic performance*. JHU Press, 1994.

［208］Brehm, Stefan. "Fiscal Incentives, Public Spending, and Productivity- County-Level Evidence from a Chinese Province." *World Development* 46 (2013): 92–103.

［209］Brennan, Geoffrey and James M. Buchanan. *The power to tax: Analytic foundations of a fiscal constitution*. Cambridge University Press, 1980.

［210］Brollo, Fernanda, Tommaso Nannicini, Roberto Perotti, and Guido Tabellini. "The Political Resource Curse." *American Economic Review* 103 (2013): 783–794.

［211］Bryman, Alan. "Integrating Quantitative and Qualitative Research: How Is It Done?" *Qualitative Research* 6 (2006): 97–113.

［212］Cai, Hongbin and DanielTreisman. "Did Government Decentralization Cause China's Economic Miracle?" *World Politics* 58 (2006): 505–535.

［213］Chadwick, Andrew. *Internet politics: States, citizens, and new communication technologies*. Oxford University Press, USA, 2006.

［214］Chang, Yu-tzung, Yun-han Chu, and Frank Tsai. "Confucianism and Democratic Values in Three Chinese Societies." *Issues and Studies-English Edition-* 41 (2005): 1.

［215］Charbit, Claire. "Explaining the Sub-National Tax-Grants Balance in Oecd Countries." (2010).

［216］Chen, An. "How Has the Abolition of Agricultural Taxes Transformed Village Governance in China? Evidence from Agricultural Regions." *The China Quarterly* 219 (2014): 715–735.

［217］Chen, Jie. *Popular political support in urban China*. Woodrow Wilson Center Press, 2004; Li, Lianjiang. "Political Trust in Rural China." *Modern China* 30 (2004): 228 – 258.

［218］Chen, Xueyi and Tianjian Shi. "Media Effects on Political Confidence and Trust in the People's Republic of China in the Post-Tiananmen Period." *East Asia* 19 (2001): 84 – 118.

［219］Choi, Eun Kyong. "Patronage and Performance: Factors in the Political Mobility of Provincial Leaders in Post-Deng China." *The China Quarterly* 212 (2012): 965 – 981.

［220］Commission on Global Governance. *Our global neighbourhood: the report of the Commission on Global Governance*. Oxford University Press, 1995.

［221］Creswell, John W. and Vicki L. Plano Clark. *Designing and Conducting Mixed Methods Research*. SAGE, 2011.

［222］Dabla-Norris, Ms Era. *Issues in intergovernmental fiscal relations in China*. International Monetary Fund, 2005.

［223］Davoodi, Hamid and Heng-fu Zou. "Fiscal Decentralization and Economic Growth: A Cross-Country Study." *Journal of Urban Economics* 43 (1998): 244 – 257.

［224］Dickson, Bruce J. *Wealth into power: The Communist Party's embrace of China's private sector*. Cambridge: Cambridge University Press, 2008.

［225］Donaldson, John A. *Small Works: Poverty and Economic Development in Southwestern China*. Cornell University Press, 2011.

［226］Dougherty, S. and R. Herd. "Fast-Falling Barriers and Growing Concentration: The Emergence of a Private Economy in China." *OECD Economics Department Working Papers*, 471 (2005).

［227］Easton, David. "A systems analysis of political life." (1965).

［228］Enikolopov, Ruben and Ekaterina Zhuravskaya. "Decentralization and Political Institutions." *Journal of Public Economics* 91 (2007): 2261 – 2290.

[229] Feng, Xingyuan, Christer Ljungwall, Sujian Guo, and Alfred M. Wu. "Fiscal Federalism: A Refined Theory and Its Application in the Chinese Context." *Journal of Contemporary China* 22 (2013): 573–593.

[230] Fischer, Andrew M. "Subsidizing Tibet: An Interprovincial Comparison of Western China up to the End of the Hu-Wen Administration." *The China Quarterly* (2015): 1–27.

[231] Fisher, Julie. *Nongovernments: Ngos and the Political Development Of the Third World*. West Hartford, CT: Kumarian Press, 1998.

[232] George, Alexander L., and Andrew Bennett. *Case studies and theory development in the social sciences*. Cambridge: MIT Press, 2005.

[233] Gerring, John. *Case study research: principles and practices*. No. 303. 433.2. Cambridge University Press, 2007.

[234] Ghanem, Dalia and Junjie Zhang. "'Effortless Perfection': Do Chinese Cities Manipulate Air Pollution Data?" *Journal of Environmental Economics and Management* 68 (2014): 203–225.

[235] Gilley, Bruce. "The Limits of Authoritarian Resilience." *Journal of Democracy* 14 (2003): 18–26.

[236] Goertz, Gary. *Multimethod research, causal mechanisms, and case studies: An integrated approach*. Princeton University Press, 2017.

[237] Green, Donald, and Ian Shapiro. *Pathologies of Rational Choice Theory: A Critique of Applications in Political Science*. Yale University Press, 1994.

[238] Huang, Yasheng. "Capitalism with Chinese Characteristics: Entrepreneurship and the State." 1 (2008).

[239] Hysing, Erik. "From Government to Governance? A Comparison of Environmental Governing in Swedish Forestry and Transport." *Governance* 22 (2009): 647–672.

[240] Inglehart, Ronald and Christian Welzel. "How Development Leads to Democracy: What We Know About Modernization." *Foreign Affairs* (2009): 33–48.

［241］Inglehart, Ronald and Paul R. Abramson. "Economic Security and Value Change." *American Political Science Review* 88 (1994): 336 – 354.

［242］Inglehart, Ronald, and Christian Welzel. *Modernization, cultural change, and democracy: The human development sequence.* Cambridge University Press, 2005.

［243］Inglehart, Ronald, and Christian Welzel. *Modernization, cultural change, and democracy: The human development sequence.* Cambridge University Press, 2005.

［244］Inglehart, Ronald. "Culture Shift in Advanced Industrial Society." (1990).

［245］Inglehart, Ronald. "Postmodernization Erodes Respect for Authority, but Increases Support for Democracy." in Pippa Norris (ed.), *Critical citizens: global support for democratic governance.* Oxford: Oxford University Press, 1999.

［246］Inglehart, Ronald. *The silent revolution* (Vol. 8). Princeton University Press Princeton, 1977.

［247］Inglehart, Ronald. *Modernization and postmodernization: Cultural, economic, and political change in* 43 *societies.* Princeton university press, 1997.

［248］International Bank for Reconstruction and Development. *Sub-Saharan Africa: From Crisis to Sustainable Growth: A Long-Term Perspective Study.* Washington, D. C.: The World Bank, 1989.

［249］Jason, Seawright and John Gerring. "Case Selection Techniques in Case Study Research: A Menu of Qualitative and Quantitative Options." *Political Research Quarterly* 61. 2 (2008): 294 – 308.

［250］Jessop, Bob. "The Rise of Governance and the Risks of Failure: The Case of Economic Development." *International social science journal* 50 (1998): 29 – 45.

［251］Jin, Hehui, Yingyi Qian, and Barry R. Weingast. "Regional Decentralization and Fiscal Incentives: Federalism, Chinese Style." *Journal of Public Economics* 89 (2005): 1719 – 1742.

[252] Jin, Jing and Heng-fu Zou. "Fiscal Decentralization, Revenue and Expenditure Assignments, and Growth in China." *Journal of Asian Economics* 16 (2005): 1047–1064.

[253] John Gerring. "Comparative Political Studies Is There a (Viable) Crucial-Case Method?" *Comparative Political Studies* 40.3 (2007): 231–253.

[254] John Gerring, "What Is a Case Study and What Is It Good For?" *American Political Science Review* 98.2 (2004): 341–354.

[255] Johnson, Chalmers. *MITI and the Japanese miracle: the growth of industrial policy: 1925–1975*. Stanford University Press, 1982.

[256] Johnson, R. Burke, Anthony J. Onwuegbuzie, and Lisa A. Turner. "Toward a Definition of Mixed Methods Research." *Journal of Mixed Methods Research* 1 (2007): 112–133.

[257] Keen, Michael and Maurice Marchand. "Fiscal Competition and the Pattern of Public Spending." *Journal of Public Economics* 66 (1997): 33–53.

[258] Kennedy, John James. "From the Tax-for-Fee Reform to the Abolition of Agricultural Taxes: The Impact on Township Governments in North-West China." *The China Quarterly* 189 (2007): 43–59.

[259] Kooiman, J. and M. Van Vliet. "Governance and Public Management." In: Eliassen, K.-J. Kooiman (Eds.): *Managing Public Organisation*. London, Sage, 1993.

[260] Kornai, Janos. "The Soft Budget Constraint." *Kyklos* 39 (1986): 3–30.

[261] Landry, Pierre F. "The Political Management of Mayors in Post-Deng China." *The Copenhagen Journal of Asian Studies* 17 (2005): 31–58.

[262] Landry, Pierre Francois. *Decentralized Authoritarianism in China: the Communist Party's control of local elites in the post-Mao era*. New York: Cambridge University Press, 2008.

[263] Lei, Ya-Wen. "The Political Consequences of the Rise of the Internet:

Political Beliefs and Practices of Chinese Netizens." *Political Communication* 28 (2011): 291 – 322.

［264］Li, Cheng. "The End of the Ccp's Resilient Authoritarianism? A Tripartite Assessment of Shifting Power in China." *China Quarterly* 211 (2012): 595 – 623.

［265］Li, Hongbin and Li-An Zhou. "Political Turnover and Economic Performance: The Incentive Role of Personnel Control in China." *Journal of Public Economics* 89 (2005): 1743 – 62.

［266］Li, Lianjiang. "The Magnitude and Resilience of Trust in the Center: Evidence from Interviews with Petitioners in Beijing and a Local Survey in Rural China." *Modern China* 39 (2013): 3 – 36.

［267］Li, Linda Chelan. *Centre and Provinces: China 1978 – 93: Power as Non-Zero-Sum.* Clarendon Press, 1998.

［268］Lieberman, Evan S. "Nested Analysis as a Mixed-Method Strategy for Comparative Research." *American Political Science Review* 99 (2005): 435 – 452.

［269］Lin, JustinYifu, Ran Tao, and Mingxing Liu. "Decentralization and Local Governance in China's Economic Transition." *Decentralization and local governance in developing countries: A comparative perspective* (2006): 305 – 328.

［270］Liu, Mingxing, Juan Wang, Ran Tao, and Rachel Murphy. "The Political Economy of Earmarked Transfers in a State-Designated Poor County in Western China: Central Policies and Local Responses." *The China Quarterly* 200 (2009): 973 – 994.

［271］Lü, Xiaobo. "Intergovernmental Transfers and Local Education Provision—Evaluating China's 8 – 7 National Plan for Poverty Reduction." *China Economic Review* 33 (2015): 200 – 211.

［272］Lyons, Thomas P. "Economic Integration and Planning in Maoist China." (1987).

［273］Mann, Michael. "Infrastructural Power Revisited." *Studies in Comparative*

International Development 43（2008）：355 – 365.

［274］ Mann, Michael. "The Autonomous Power of the State：Its Origins, Mechanisms and Results." *European journal of sociology* 25（1984）：185 – 213.

［275］ Martinez-Vazquez, Jorge, and Baoyun Qiao. "Assessing the assignment of expenditure responsibilities." China's local public finance in transition, *Lincoln Institute of Land Policy, Cambridge*（2011）：21 – 40.

［276］ McKinnon, Ronald I. "Market-Preserving Fiscal Federalism in the American Monetary Union." *Macroeconomic dimensions of public finance：Essays in honour of Vito Tanzi* 5（1997）：73.

［277］ Mishler, William and Richard Rose. "Trust, Distrust and Skepticism：Popular Evaluations of Civil and Political Institutions in Post-Communist Societies." *Journal of Politics* 59（1997）：418 – 451.

［278］ Mishler, William and Richard Rose. "What Are the Origins of Political Trust? Testing Institutional and Cultural Theories in Post-Communist Societies." *Comparative Political Studies* 34（2001）：30 – 62.

［279］ Montinola, Gabriella, Yingyi Qian, and Barry R. Weingast. "Federalism, Chinese Style." *World Politics* 48（1995）：50 – 81.

［280］ Musgrave, Richard Abel. "Theory of Public Finance；a Study in Public Economy."（1959）.

［281］ Nathan, Andrew J. "Authoritarian Impermanence." *Journal of Democracy* 20（2009）：37 – 40.

［282］ Nathan, Andrew J. *Political Culture and Diffuse Regime Support in Asia*. Asian Barometer. Taipei：National Taiwan University and Academia Sinica：Globalbarometer, 2007.

［283］ Nathan, Andrew James. "Authoritarian Resilience." *Journal of Democracy* 14（2003）：6 – 17.

［284］ Niskanen, W. A. *Bureaucracy and representative government*. Transaction Publishers, 1974.

[285] Oates, Wallace E. "An Essay on Fiscal Federalism." *Journal of Economic Literature* (1999): 1120 – 1149.

[286] Oates, Wallace E. *Fiscal Federalism*. New York: Harcourt Brace Jovanovich Inc., 1972.

[287] Opper, Sonja and Stefan Brehm. "Networks Versus Performance: Political Leadership Promotion in China." Department of Economics, Lund University (2007).

[288] Pei, Minxin. "Chinese Civic Associations: An Empirical Analysis." *Modern China* (1998): 285 – 318.

[289] Pei, Minxin. *Corruption threatens China's future*. Carnegie Endowment for International Peace, 2007; Wederman, Andrew. "The Intensification of Corruption in China." *The China Quarterly* 180 (2004): 895 – 921.

[290] Peterson, Paul E., Barry G. Rabe, and Kenneth K Wong. "When Federalism Works" (1986).

[291] Peterson, Paul E. *City limits*. University of Chicago Press, 1981.

[292] Peterson, Paul E. *The price of federalism*. Brookings Institution Press, 2012.

[293] Pharr, Susan J., Robert D. Putnam, and Russell J Dalton. "A Quarter-Century of Declining Confidence." *Journal of Democracy* 11 (2000): 5 – 25.

[294] Pierre, Jon, ed. *Debating governance: Authority, steering, and democracy*. OUP Oxford, 2000.

[295] Prud' Homme, Remy. "The Dangers of Decentralization." *The World Bank Research Observer* 10 (1995): 201 – 220.

[296] Qian, Yingyi and Barry R. Weingast. "Federalism as a Commitment to Preserving Market Incentives." *The Journal of Economic Perspectives* (1997): 83 – 92.

[297] Qian, Yingyi and Barry R. Weingast. "China's Transition to Markets: Market-Preserving Federalism, Chinese Style." *The Journal of Policy Reform* 1

(1996): 149 – 185.

[298] Qian, Yingyi and Chenggang Xu. "Why China's Economic Reforms Differ: The M-Form Hierarchy and Entry/Expansion of the Non-State Sector." *Economics of Transition* 1 (1993): 135 – 170.

[299] Qian, Yingyi and Gerard Roland. "Federalism and the Soft Budget Constraint." *American Economic Review* (1998): 1143 – 1162.

[300] Qian, Yingyi, Gerard Roland, and Chenggang Xu. "Why Is China Different from Eastern Europe? Perspectives from Organization Theory." *European Economic Review* 43 (1999): 1085 – 1094.

[301] Ragin, Charles C. *The comparative method: moving beyond qualitative and quantitative strategies.* No. 303. 1. University of California Press, 1987, p. 8 – 9.

[302] Rao, MGovinda. "Republic of India", in Anwar Shah (ed.), *The Practice of Fiscal Federalism: Comparative Perspectives.* McGill-Queen's Press-MQUP, 2007.

[303] Rawski, Thomas G. "Reforming China's Economy: What Have We Learned?" *The China Journal* (1999): 139 – 156.

[304] Rhodes, R. A. W. *Understanding governance: Policy networks, governance, reflexivity and accountability.* Open University Press, 1997.

[305] Rhodes, R. A. W. "The New Governance: Governing without Government 1." *Political Studies* 44 (1996): 652 – 67.

[306] Riker, William H. *Federalism: Origin, operation, significance.* Boston: Little, Brown, 1964.

[307] Riker, William. "The Development of American Federalism." (1987).

[308] Rithmire, Meg E. "China's 'New Regionalism': Subnational Analysis in Chinese Political Economy." *World Politics* 66 (2014): 165 – 94.

[309] Rodden, Jonathan. "Comparative Federalism and Decentralization: On Meaning and Measurement." *Comparative Politics* (2004): 481 – 500.

[310] Rosenau, James N. "Governance in the Twenty-First Century." *Global*

Governance (1995): 13 – 43; Governance, Commission on Global. "Our Global Neighbourhood: The Report." (1995).

[311] Rosenau, James N. "Governance, Order and Change in World Politics", in James N Rosenau and Ernst O Czempiel, *Governance without government: Order and change in world politics*, Cambridge and New York: Cambridge University Press, 1992.

[312] Rosenau, James N., Ernst-Otto Czempiel, and Steve Smith, eds. *Governance without government: order and change in world politics*. Vol. 20. Cambridge University Press, 1992.

[313] Salmon, Pierre. "Horizontal Compitition among Governments", in Ehtisham Ahmad and Giorgio Brosio (ed.), *Handbook of Fiscal Federalism*, Cheltenham, UK: Edward Elgar, 2006.

[314] Sato, Motohiro. "The Political Economy of Interregional Grants." *Public Sector Governance and Accountability Series-Intergovernmental Fiscal Transfers: Principles and Practices* (2007): 173 – 197.

[315] Seawright, Jason. *Multi-method social science: Combining qualitative and quantitative tools.* Cambridge University Press, 2016.

[316] Shah, Anwar. "A Comparative Institutional Framework for Responsive, Responsible, and Accountable Local Governance." *Local Governance in Industrial Countries* (2006): 1 – 40.

[317] Shah, Anwar. "A Practitioner's Guide to Intergovernmental Fiscal Transfers". *Intergovernmental fiscal transfers: principles and practices*, World Bank Publications, 2007.

[318] Shah, Anwar, "Introduction: Principles of Fiscal Federalism." *The Practice of Fiscal Federalism: Comparative Perspectives*, McGill-Queen's Press-MQUP, 2007.

[319] Shi, Tianjian. "Cultural Values and Political Trust: A Comparison of the People's Republic of China and Taiwan." *Comparative Politics* (2001): 401 –

419.

[320] Shin, Doh C. "Cultural Origins of Diffuse Regime Support among East Asians: Exploring an Alternative to the Theory of Critical Citizens." *Asian Barometer. Taipei: National Taiwan University and Academia Sinica*, Globalbarometer, 2012.

[321] Stigler, George. *The Tenable Range of Functions of Local Government*. Joint Economic Committee, Subcommittee on Fiscal Policy, Federal expenditure policy for economic growth and stability, Washington, 1957.

[322] Stiglitz, Joseph E. "Towards a New Paradigm for Development: Strategies, Policies, and Processes." *Applied Econometrics & International Development* (2002): 116-122.

[323] Stoker, Gerry. "Governance as Theory: Five Propositions." *International Social Science Journal* 50 (1998): 17-28.

[324] Tashakkori, Abbas and John W Creswell. "Editorial: Exploring the Nature of Research Questions in Mixed Methods Research." *Journal of Mixed Methods Research* (2007): 207-211

[325] Tiebout, Charles M. "A Pure Theory of Local Expenditures." *The Journal of Political Economy* 64 (1956): 416-424.

[326] Tresch, Richard W. "Public Finance: A Normative Approach." (1981).

[327] Wang, Yongqin, Yan Zhang, Yuan Zhang, Zhao Chen, and Ming Lu, "The Cost and Benefits of Federalism, Chinese Style", in Arthur Sweetman and Jun Zhang (ed.), *Economic Transition with Chinese Characteristics: Thirty Years of Reform and Opening up*, Montreal and Kingston: McGill-Queen's University Press, 2008.

[328] Wang, Zhengxu and Yu You. "The Arrival of Critical Citizens: Decline of Political Trust and Shifting Public Priorities in China." *International Review of Sociology* 26 (2016): 105-124.

[329] Wang, Zhengxu, "Political Trust in China: Forms and Causes", in Lynn T White (ed.), *Legitimacy: ambiguities of political success or failure in East*

and Southeast Asia, World Scientific, 2005.

[330] Wang, Zhengxu. "Before the Emergence of Critical Citizens: Economic Development and Political Trust in China." *International Review of Sociology* 15 (2005): 155 – 171.

[331] Wang, Zhengxu. "Explaining Regime Strength in China." *China: An International Journal* 4 (2006): 217 – 237.

[332] Weingast, Barry R. "The Economic Role of Political Institutions: Market-Preserving Federalism and Economic Development." *Journal of Law, Economics, & Organization* (1995): 1 – 31.

[333] Weingast, Barry R. "The Political Foundations of Democracy and the Rule of Law." *American Political Science Review* (1997): 245 – 263.

[334] Wessa, Patrick. *Free Statistics Software Version* 1.1.23 – R7. Status: Published, 2015.

[335] Williamson, Oliver E. "The Institutions and Govermance of Economic Development and Reform." *The Mechanisms of Govermance*, Oxford: Oxford University (2000).

[336] World Bank. *Governance: The World Bank's experience*, Washington, D.C.: The World Bank, 1994.

[337] Wu, Alfred M and Wen Wang. "Determinants of Expenditure Decentralization: Evidence from China." *World Development* 46 (2013): 176 – 184.

[338] Wu, Alfred M. "Governing Civil Service Pay in China." (2014).

[339] Yang, Qing and Wenfang Tang. "Exploring the Sources of Institutional Trust in China: Culture, Mobilization, or Performance?" *Asian Politics and Policy* 2 (2010): 415 – 436.

[340] Zhang, Tao and Heng-fu Zou. "Fiscal Decentralization, Public Spending, and Economic Growth in China." *Journal of Public Economics* 67 (1998): 221 – 240.

[341] Zhao, Dingxin. "The Mandate of Heaven and Performance Legitimation in Historical and Contemporary China." *American Behavioral Scientist* 53 (2009): 416–433.

[342] Zheng, Siqi, Matthew E. Kahn, Weizeng Sun, and Danglun Luo. "Incentives for China's Urban Mayors to Mitigate Pollution Externalities: The Role of the Central Government and Public Environmentalism." *Regional Science and Urban Economics* 47 (2014): 61–71.

[343] Zhuravskaya, Ekaterina V. "Incentives to Provide Local Public Goods: Fiscal Federalism, Russian Style." *Journal of Public Economics* 76 (2000): 337–368.

[344] Zuo, Cai Vera. "Promoting City Leaders: The Structure of Political Incentives in China." *The China Quarterly* (2015): 1–30.

后 记

本书是在我的博士论文基础上修改而成。说到底,博士论文终究只是一项阶段性的任务,是对研究者运用所积累的理论和方法来认知、解释世界的一场考试。除此之外,这一研究最重要的意义可能在于,我们可以将其当作一把"标尺",来测量自己今后的研究做得如何:自己是否在认识真理和探索未知的过程中更加精进了?

在此,我无意讲述博士论文的构思与写作,我更愿意回顾求学过程中对我影响颇大的人和事,因为正是他们或为我指明方向或传我技艺或给我鼓励。如果将博士论文的写作看作一场旅行,没有家人、朋友、老师以及诸多志同道合的学友的陪伴,这将是多么孤独的旅途。

首先,有一个学术会议对我影响至深,即当时在北大政府管理学院任教的朱天飚老师操办的"政治经济学年会"。这个会议没有开幕式和闭幕式,更没有各种领导讲话致辞,只有针对宣读文章的猛烈"炮火",以及文章本身的坍塌与重建。更为幸运的是,该会议的一个主要宗旨就是"培养学生的批判性思维",就学术讨论而言,只有合理与否,绝无等级之分。并且,批评的炮火似乎并不会因为你是学生就因此减弱。

无比庆幸的,在我硕士一年级的时候,雷艳红老师带我旁听了这次会议,并在之后鼓励我投稿参会。什么是学术研究?怎样做学术研究?我们应当以何种态度来探究世界?刚开始就读研究生的自己,对于这些问题毫无头绪。当然,参与其中倒也不一定可以找到这些问题的标准答案,但是,这一过程倒是为我自己回答这些问题，奠定了基调。

其次，在博士论文写作前后，有一个"无聊的"读书会对我影响至深。这个读书会的名字叫"旮旯读书会"——唐桦（师姐）以为是向GALA乐队致敬，敲定此名的陈超（师兄）表示并无此意，就是"犄角旮旯"的意思。我们这个读书会只读社科方法论的文献，且多以英文原著为主——可以想象，这得多"枯燥无聊"。所幸读书会的"核心成员"（黄一凡、严宇等）也挺无聊的，所以我们也算以毒攻毒。我们大致采取每周阅读一章、集体讨论的形式，大到章节逻辑，小到个别词汇，无所不聊。学习方法论的时序大致应该从社会科学哲学入手，了解每种研究方法背后的本体论与认识论，再到具体的数据收集与分析。

在日常的文献阅读和讨论中，有一些问题始终贯穿其中：我们学习研究方法的"合法性"在哪里？凭什么你用的方法就是"科学的"？为什么有的学者认为质性或定量方法更能解决他们的研究问题？为什么使用不同研究方法的研究在价值偏好、文章架构以及行文逻辑等方面会有如此大的差异？归结起来，这些问题的实质可能是：支撑这些研究路径的哲学要素到底是什么？我们主要学的是"方法"，而并没有理解"方法论"，因而忽略了对方法论背后潜在哲学导向的了解。正因为此，读书会刚开始时，大家读得比较辛苦和迷茫，但显然需要经历这一阶段。现在想来，那真是一段充实和快乐的日子，一群志同道合的朋友为了那几句英文的逻辑或含义反复争论，或者就书上的某个推导或公式进行反复演算。纯粹的学术和阅读往往令人着迷。

最后，宽松的学习和生活环境对我帮助巨大。厦门大学公共事务学院多元的学术氛围无疑对我影响极大。陈炳辉和王云萍老师致力于政治哲学研究，余章宝老师偏重于政治经济学和经济哲学，王伟光、夏路和范鸿达老师专攻国际关系理论和区域研究，李艳霞、杨凌和聂安详老师则关注政治学理论，我的硕士导师雷艳红老师的长处是公共财政等。在此多元又和谐的环境之中，我所阅读的书籍泛而不专。

在读博期间，对我影响最大的是导师张光老师，他以身作则，以实际行动为他的学生诠释了什么是"全身心投入学术研究"。而且，他似乎总有各种研究想法冒出来，并与我们分享讨论。此外，他还给予我们最大的学术空间与自由，鼓励大家学习各种研究方法。总之，他为我们树立了"学者"的榜样。

在读书与之后的工作中，家人的关心与扶持总是给我莫大的鼓励和帮助。我的父亲和母亲都是通过自己的努力从农村考出来，然后留在城镇工作，并一直将我的教育当作他们的头等大事。我夫人是了解我的，她的态度更加简单且让我感动："如果不能让他安心把书读完，他这一辈子都不会开心的。"最后，木易小朋友的诞生让我对于生命和生活有了完全不一样的理解。月溅星河，长路漫漫，也正因为有他们，我才不孤单。

游　宇

2019 年 10 月于重庆大学